PREFACIO

La colección de guías de conversación para viajar "Todo irá bien" publicada por T&P Books está diseñada para personas que viajan al extranjero para turismo y negocios. Las guías contienen lo más importante - los elementos esenciales para una comunicación básica.Éste es un conjunto de frases imprescindibles para "sobrevivir" mientras está en el extranjero.

Esta guía de conversación le ayudará en la mayoría de los casos donde usted necesite pedir algo, conseguir direcciones, saber cuánto cuesta algo, etc. Puede también resolver situaciones difíciles de la comunicación donde los gestos no pueden ayudar.

Este libro contiene muchas frases que han sido agrupadas según los temas más relevantes.También encontrará un mini diccionario con palabras útiles - números, hora, calendario, colores…

Llévese la guía de conversación "Todo irá bien" en el camino y tendrá una insustituible compañera de viaje que le ayudará a salir de cualquier situación y le enseñará a no temer hablar con extranjeros.

TABLA DE CONTENIDOS

T&P Books Publishing

T&P Books Publishing

GUÍA DE CONVERSACIÓN
ALEMÁN

LAS PALABRAS Y LAS FRASES MÁS ÚTILES

Esta Guía de Conversación contiene las frases y las preguntas más comunes necesitadas para una comunicación básica con extranjeros

Andrey Taranov

T&P BOOKS

Guía de conversación + diccionario de 250 palabras

Guía de conversación Español-Alemán y mini diccionario de 250 palabras

por Andrey Taranov

La colección de guías de conversación para viajar "Todo irá bien" publicada por T&P Books está diseñada para personas que viajan al extranjero para turismo y negocios. Las guías contienen lo más importante - los elementos esenciales para una comunicación básica. Éste es un conjunto de frases imprescindibles para "sobrevivir" mientras está en el extranjero.

También encontrará un mini diccionario con 250 palabras útiles necesarias para la comunicación diaria - los nombres de los meses y de los días de la semana, medidas, miembros de la familia, y más.

T&P Books Publishing
www.tpbooks.com

ISBN: 978-1-78492-619-9

Este libro está disponible en formato electrónico o de E-Book también.
Visite www.tpbooks.com o las librerías electrónicas más destacadas en la Red.

PRONUNCIACIÓN

Las vocales

[a]	Blatt	radio
[ɐ]	Meister	altura
[e]	Melodie	verano
[ɛ]	Herbst	mes
[ə]	Leuchte	llave
[ɔ]	Knopf	costa
[o]	Operette	bordado
[œ]	Förster	alemán - Hölle
[ø]	nötig	alemán - Hölle
[æ]	Los Angeles	vencer
[i]	Spiel	ilegal
[ɪ]	Absicht	abismo
[ʊ]	Skulptur	pulpo
[u]	Student	mundo
[y]	Pyramide	pluma
[ʏ]	Eukalyptus	pluma

Las consonantes

[b]	Bibel	en barco
[d]	Dorf	desierto
[f]	Elefant	golf
[ʒ]	Ingenieur	adyacente
[dʒ]	Jeans	jazz
[j]	Interview	asiento
[g]	August	jugada
[h]	Haare	registro
[ç]	glücklich	mujer
[x]	Kochtopf	reloj
[k]	Kaiser	charco
[l]	Verlag	lira

T&P alfabeto fonético	Ejemplo alemán	Ejemplo español
[m]	**Messer**	nombre
[n]	**Norden**	número
[ŋ]	**Onkel**	manga
[p]	**Gespräch**	precio
[r]	**Force majeure**	era, alfombra
[ʁ]	**Kirche**	R francesa (gutural)
[ʀ]	**fragen**	[r] vibrante
[s]	**Fenster**	salva
[t]	**Foto**	torre
[ʦ]	**Gesetz**	tsunami
[ʃ]	**Anschlag**	shopping
[ʧ]	**Deutsche**	mapache
[w]	**Sweater**	acuerdo
[v]	**Antwort**	travieso
[z]	**langsam**	desde

Los diptongos

[aɪ]	**Speicher**	bayoneta
[ɪa]	**Miniatur**	araña
[ɪo]	**Radio**	yogur
[jo]	**Illustration**	yogur
[ɔɪ]	**feucht**	boina
[ɪe]	**Karriere**	miércoles

Símbolos adicionales

[']	['aːbɐ]	acento primario
[ˌ]	['dɛŋkˌmaːl]	acento secundario
[ʔ]	[oˈliːvənˌʔøːl]	oclusiva glotal sorda
[ː]	['myːlə]	vocal larga
[·]	['ʀaɪzə·byˌʀoː]	punto medio

LISTA DE ABREVIATURAS

Abreviatura en español

adj	-	adjetivo
adv	-	adverbio
anim.	-	animado
conj	-	conjunción
etc.	-	etcétera
f	-	sustantivo femenino
f pl	-	femenino plural
fam.	-	uso familiar
fem.	-	femenino
form.	-	uso formal
inanim.	-	inanimado
innum.	-	innumerable
m	-	sustantivo masculino
m pl	-	masculino plural
m, f	-	masculino, femenino
masc.	-	masculino
mat	-	matemáticas
mil.	-	militar
num.	-	numerable
p.ej.	-	por ejemplo
pl	-	plural
pron	-	pronombre
sg	-	singular
v aux	-	verbo auxiliar
vi	-	verbo intransitivo
vi, vt	-	verbo intransitivo, verbo transitivo
vr	-	verbo reflexivo
vt	-	verbo transitivo

Abreviatura en alemán

f	-	sustantivo femenino
f pl	-	femenino plural
f, n	-	femenino, neutro
m	-	sustantivo masculino
m pl	-	masculino plural

m, f	-	masculino, femenino
m, n	-	masculino, neutro
n	-	neutro
n pl	-	género neutro plural
pl	-	plural
v mod	-	verbo modal
vi	-	verbo intransitivo
vi, vt	-	verbo intransitivo, verbo transitivo
vt	-	verbo transitivo

T&P BOOKS

GUÍA DE CONVERSACIÓN ALEMÁN

Esta sección contiene frases importantes que pueden resultar útiles en varias situaciones de la vida real. La Guía le ayudará a pedir direcciones, aclaración sobre precio, comprar billetes, y pedir alimentos en un restaurante

T&P Books Publishing

CONTENIDO DE LA GUÍA DE CONVERSACIÓN

Lo más imprescindible

Perdone, ...	**Entschuldigen Sie bitte, ...**
	[ɛntˈʃʊldɪgən zi: ˈbɪtə, ...]
Hola.	**Hallo.**
	[haˈlo:]
Gracias.	**Danke.**
	[ˈdaŋkə]

Sí.	**Ja.**
	[ja:]
No.	**Nein.**
	[naɪn]
No lo sé.	**Ich weiß nicht.**
	[ɪç vaɪs nɪçt]
¿Dónde? | ¿A dónde? | ¿Cuándo?	**Wo? | Wohin? | Wann?**
	[vo:? | voˈhɪn? | van?]

Necesito ...	**Ich brauche ...**
	[ɪç ˈbʀaʊxə ...]
Quiero ...	**Ich möchte ...**
	[ɪç ˈmœçtə ...]
¿Tiene ...?	**Haben Sie ...?**
	[ˈha:bən zi: ...?]
¿Hay ... por aquí?	**Gibt es hier ...?**
	[gi:pt ɛs hi:ɐ ...?]
¿Puedo ...?	**Kann ich ...?**
	[kan ɪç ...?]
..., por favor? (petición educada)	**Bitte**
	[ˈbɪtə]

Busco ...	**Ich suche ...**
	[ɪç ˈzu:xə ...]
el servicio	**Toilette**
	[toaˈlɛtə]
un cajero automático	**Geldautomat**
	[ˈgɛlt ʔaʊtoˌma:t]
una farmacia	**Apotheke**
	[apoˈte:kə]
el hospital	**Krankenhaus**
	[ˈkʀaŋkənˌhaʊs]

la comisaría	**Polizeistation**
	[poliˈtsaɪ·ʃtaˌtsjo:n]
el metro	**U-Bahn**
	[ˈu:ba:n]

un taxi	**Taxi** ['taksi]
la estación de tren	**Bahnhof** ['baːnˌhoːf]

Me llamo …	**Ich heiße …** [ɪç 'haɪsə …]
¿Cómo se llama?	**Wie heißen Sie?** [viː 'haɪsən ziː?]
¿Puede ayudarme, por favor?	**Helfen Sie mir bitte.** ['hɛlfən ziː miːɐ 'bɪtə]
Tengo un problema.	**Ich habe ein Problem.** [ɪç 'haːbə aɪn pʀo'bleːm]
Me encuentro mal.	**Mir ist schlecht.** [miːɐ ɪs ʃlɛçt]
¡Llame a una ambulancia!	**Rufen Sie einen Krankenwagen!** ['ʀuːfən ziː 'aɪnən 'kʀaŋkənˌvaːgən!]
¿Puedo llamar, por favor?	**Darf ich telefonieren?** [daʀf ɪç telefo'niːʀən?]

Lo siento.	**Entschuldigung.** [ɛnt'ʃʊldɪgʊŋ]
De nada.	**Keine Ursache.** ['kaɪnə 'uːɐˌzaχə]

Yo	**ich** [ɪç]
tú	**du** [duː]
él	**er** [eːɐ]
ella	**sie** [ziː]
ellos	**sie** [ziː]
ellas	**sie** [ziː]
nosotros /nosotras/	**wir** [viːɐ]
ustedes, vosotros	**ihr** [iːɐ]
usted	**Sie** [ziː]

ENTRADA	**EINGANG** ['aɪnˌgaŋ]
SALIDA	**AUSGANG** ['aʊsˌgaŋ]
FUERA DE SERVICIO	**AUßER BETRIEB** [ˌaʊsɐ bə'tʀiːp]
CERRADO	**GESCHLOSSEN** [gə'ʃlɔsən]

ABIERTO	**OFFEN**
	['ɔfən]
PARA SEÑORAS	**FÜR DAMEN**
	[fyːɐ 'damən]
PARA CABALLEROS	**FÜR HERREN**
	[fyːɐ 'hɛʀən]

Preguntas

¿Dónde?

¿A dónde?

¿De dónde?

¿Por qué?

¿Con que razón?

¿Cuándo?

Wo?
[vo:?]
Wohin?
[vo'hɪn?]
Woher?
[vo'he:ɐ?]
Warum?
[va'ʀʊm?]
Wozu?
[vo'tsu:?]
Wann?
[van?]

¿Cuánto tiempo?

¿A qué hora?

¿Cuánto?

¿Tiene ...?

¿Dónde está ...?

Wie lange?
[vi: 'laŋə?]
Um wie viel Uhr?
[ʊm vi: fi:l u:ɐ?]
Wie viel?
[vi: fi:l?]
Haben Sie ...?
['ha:bən zi: ...?]
Wo befindet sich ...?
[vo: bə'fɪndət zɪç ...?]

¿Qué hora es?

¿Puedo llamar, por favor?

¿Quién es?

¿Se puede fumar aquí?

¿Puedo ...?

Wie spät ist es?
[vi: ʃpɛ:t ist ɛs?]
Darf ich telefonieren?
[daʀf ɪç telefo'ni:ʀən?]
Wer ist da?
[ve:ɐ ist da:?]
Darf ich hier rauchen?
[daʀf ɪç hi:ɐ 'ʀaʊχən?]
Darf ich ...?
[daʀf ɪç ...?]

Necesidades

Quisiera …	**Ich hätte gerne …** [ɪç ˈhɛtə ˈgɛʁnə …]
No quiero …	**Ich will nicht …** [ɪç vɪl nɪçt …]
Tengo sed.	**Ich habe Durst.** [ɪç ˈhaːbə dʊʁst]
Tengo sueño.	**Ich möchte schlafen.** [ɪç ˈmœçtə ˈʃlaːfən]

Quiero …	**Ich möchte …** [ɪç ˈmœçtə …]
lavarme	**abwaschen** [apˈvaʃən]
cepillarme los dientes	**meine Zähne putzen** [ˈmaɪnə ˈtsɛːnə ˈpʊtsən]
descansar un momento	**eine Weile ausruhen** [ˈaɪnə ˈvaɪlə ˈaʊsˌʁuːən]
cambiarme de ropa	**meine Kleidung wechseln** [ˈmaɪnə ˈklaɪdʊŋ ˈvɛksəln]

volver al hotel	**zurück ins Hotel gehen** [tsuˈʁʏk ɪns hoˈtɛl ˈgeːən]
comprar …	**… kaufen** [… ˈkaʊfən]
ir a …	**… gehen** [… ˈgeːən]
visitar …	**… besuchen** [… bəˈzuxən]
quedar con …	**… treffen** [… ˈtʁɛfən]
hacer una llamada	**einen Anruf tätigen** [ˈaɪnən ˈanˌʁuːf ˈtɛːtɪgən]

Estoy cansado /cansada/.	**Ich bin müde.** [ɪç bɪn ˈmyːdə]
Estamos cansados /cansadas/.	**Wir sind müde.** [viːɐ zɪnt ˈmyːdə]
Tengo frío.	**Mir ist kalt.** [miːɐ ɪs kalt]
Tengo calor.	**Mir ist heiß.** [miːɐ ɪs haɪs]
Estoy bien.	**Mir passt es.** [miːɐ past ɛs]

Tengo que hacer una llamada.

Ich muss telefonieren.
[ɪç mʊs telefo'niːʀən]

Necesito ir al servicio.

Ich muss auf die Toilette.
[ɪç mʊs 'aʊf di toa'lɛtə]

Me tengo que ir.

Ich muss gehen.
[ɪç mʊs 'geːən]

Me tengo que ir ahora.

Ich muss jetzt gehen.
[ɪç mʊs jɛtst 'geːən]

Preguntar por direcciones

Perdone, ...

Entschuldigen Sie bitte, ...
[ɛntˈʃʊldɪgən ziː ˈbɪtə, ...]

¿Dónde está ...?

Wo befindet sich ...?
[voː bəˈfɪndət zɪç ...?]

¿Por dónde está ...?

Welcher Weg ist ...?
[ˈvɛlçe veːk ist ...?]

¿Puede ayudarme, por favor?

Könnten Sie mir bitte helfen?
[ˈkœntən ziː miːɐ ˈbɪtə ˈhɛlfən?]

Busco ...

Ich suche ...
[ɪç ˈzuːχə ...]

Busco la salida.

Ich suche den Ausgang.
[ɪç ˈzuːχə den ˈaʊsˌgaŋ]

Voy a ...

Ich fahre nach ...
[ɪç ˈfaːʀə naːχ ...]

¿Voy bien por aquí para ...?

Gehe ich richtig nach ...?
[ˈgeːə ɪç ˈʀɪçtɪç naːχ ...?]

¿Está lejos?

Ist es weit?
[ist ɛs vaɪt?]

¿Puedo llegar a pie?

Kann ich dort zu Fuß hingehen?
[kan ɪç dɔʁt tsu fuːs ˈhɪnˌgeːən?]

¿Puede mostrarme en el mapa?

**Können Sie es mir auf
der Karte zeigen?**
[ˈkœnən ziː ɛs miːɐ aʊf
deːɐ ˈkaʁtə ˈtsaɪgən?]

Por favor muestreme dónde estamos.

Zeigen Sie mir wo wir gerade sind.
[ˈtsaɪgən ziː miːɐ voː viːɐ gəˈʀaːdə zɪnt]

Aquí

Hier
[ˈhiːɐ]

Allí

Dort
[dɔʁt]

Por aquí

Hierher
[ˈhiːɐˈheːɐ]

Gire a la derecha.

Biegen Sie rechts ab.
[ˈbiːgən ziː ʀɛçts ap]

Gire a la izquierda.

Biegen Sie links ab.
[ˈbiːgən ziː lɪŋks ap]

la primera (segunda, tercera) calle

erste (zweite, dritte) Abzweigung
[ˈɛʁstə (ˈtsvaɪtə, ˈdʀɪtə) ˈapˌtsvaɪgʊŋ]

a la derecha

nach rechts
[naːχ ʀɛçts]

a la izquierda

nach links
[naːχ lɪŋks]

Siga recto.

Laufen Sie geradeaus.
['laʊfən ziː gəʀaːdə'ʔaʊs]

Carteles

¡BIENVENIDO!

HERZLICH WILLKOMMEN!
['hɛʁtslɪç vɪl'kɔmən!]

ENTRADA

EINGANG
['aɪn͜gaŋ]

SALIDA

AUSGANG
['aʊs͜gaŋ]

EMPUJAR

DRÜCKEN
['dʀʏkən]

TIRAR

ZIEHEN
['tsi:ən]

ABIERTO

OFFEN
['ɔfən]

CERRADO

GESCHLOSSEN
[gə'ʃlɔsən]

PARA SEÑORAS

FÜR DAMEN
[fy:ɐ 'damən]

PARA CABALLEROS

FÜR HERREN
[fy:ɐ 'hɛʀən]

CABALLEROS

HERREN-WC
['hɛʀən-ve'tse:]

SEÑORAS

DAMEN-WC
['da:mən-ve'tse:]

REBAJAS

RABATT | REDUZIERT
[ʀa'bat | ʀedu'tsi:ɐt]

VENTA

AUSVERKAUF
['aʊsfɛɐ͜kaʊf]

GRATIS

GRATIS
['gʀa:tɪs]

¡NUEVO!

NEU!
[nɔɪ!]

ATENCIÓN

ACHTUNG!
['axtʊŋ!]

COMPLETO

KEINE ZIMMER FREI
['kaɪnə 'tsɪmɐ fʀaɪ]

RESERVADO

RESERVIERT
[ʀezɛʁ'vi:ɐt]

ADMINISTRACIÓN

VERWALTUNG
[fɛɐ'valtʊŋ]

SÓLO PERSONAL AUTORIZADO

NUR FÜR PERSONAL
[nu:ɐ fy:ɐ pɛʀzo'na:l]

CUIDADO CON EL PERRO	**BISSIGER HUND** ['bɪsɪgɐ hʊnt]
NO FUMAR	**RAUCHEN VERBOTEN** ['ʀaʊχən fɛɐ'boːtən]
NO TOCAR	**NICHT ANFASSEN!** [nɪçt 'anfasən!]

PELIGROSO	**GEFÄHRLICH** [gə'fɛːɐlɪç]
PELIGRO	**GEFAHR** [gə'faːɐ]
ALTA TENSIÓN	**HOCHSPANNUNG** ['hoːχʃpanʊŋ]
PROHIBIDO BAÑARSE	**BADEN VERBOTEN** ['baːdən fɛɐ'boːtən]

FUERA DE SERVICIO	**AUßER BETRIEB** [ˌaʊsə bə'tʀiːp]
INFLAMABLE	**LEICHTENTZÜNDLICH** ['laɪçtʔɛn'tsʏntlɪç]
PROHIBIDO	**VERBOTEN** [fɛɐ'boːtən]
PROHIBIDO EL PASO	**DURCHGANG VERBOTEN** ['dʊɐçˌgaŋ fɛɐ'boːtən]
RECIÉN PINTADO	**FRISCH GESTRICHEN** [fʀɪʃ gə'ʃtʀɪçən]

CERRADO POR RENOVACIÓN	**WEGEN RENOVIERUNG GESCHLOSSEN** ['veːgən ʀeno'viːʀʊŋ gə'ʃlɔsən]
EN OBRAS	**ACHTUNG BAUARBEITEN** ['aχtʊŋ 'baʊʔaʀˌbaɪtən]
DESVÍO	**UMLEITUNG** ['ʊmˌlaɪtʊŋ]

Transporte. Frases generales

el avión	**Flugzeug** ['flu:k͵tsɔɪk]
el tren	**Zug** [tsu:k]
el bus	**Bus** [bʊs]
el ferry	**Fähre** ['fɛːʀə]
el taxi	**Taxi** ['taksi]
el coche	**Auto** ['aʊto]

el horario	**Zeitplan** ['tsaɪt͵plaːn]
¿Dónde puedo ver el horario?	**Wo kann ich den Zeitplan sehen?** [voː kan ɪç den 'tsaɪt͵plaːn 'zeːən?]
días laborables	**Arbeitstage** ['aʀbaɪts͵taːgə]
fines de semana	**Wochenenden** ['vɔxən͵ʔɛndən]
días festivos	**Ferien** ['feːʀɪən]

SALIDA	**ABFLUG** ['apfluːk]
LLEGADA	**ANKUNFT** ['ankʊnft]
RETRASADO	**VERSPÄTET** [fɛɐ'ʃpɛːtət]
CANCELADO	**GESTRICHEN** [gə'ʃtʀɪçən]

siguiente (tren, etc.)	**nächster** ['nɛːçstɐ]
primero	**erster** ['eːɐstɐ]
último	**letzter** ['lɛtstɐ]

¿Cuándo pasa el siguiente ...?	**Wann kommt der nächste ...?** [van kɔmt deːɐ 'nɛːçstə ...?]
¿Cuándo pasa el primer ...?	**Wann kommt der erste ...?** [van kɔmt deːɐ 'ɛʀstə ...?]

¿Cuándo pasa el último ...? **Wann kommt der letzte ...?**
[van kɔmt deːɐ ˈlɛtstə ...?]

el trasbordo (cambio de trenes, etc.) **Transfer**
[tʀansˈfeːɐ]

hacer un trasbordo **einen Transfer machen**
[ˈaɪnən tʀansˈfeːɐ ˈmaχən]

¿Tengo que hacer un trasbordo? **Muss ich einen Transfer machen?**
[mʊs ɪç ˈaɪnən tʀansˈfeːɐ ˈmaχən?]

Comprar billetes

¿Dónde puedo comprar un billete?	**Wo kann ich Fahrkarten kaufen?** [vo: kan ɪç 'fa:ɐ̯ˌkaʁtən 'kaʊfən?]
el billete	**Fahrkarte** ['fa:ɐ̯ˌkaʁtə]
comprar un billete	**Eine Fahrkarte kaufen** [aɪnə 'fa:ɐ̯ˌkaʁtə 'kaʊfən]
precio del billete	**Fahrpreis** ['fa:ɐ̯ˌpʁaɪs]

¿Para dónde?	**Wohin?** [vo'hɪn?]
¿A qué estación?	**Welche Station?** ['vɛlçə ʃta'tsjo:n?]
Necesito ...	**Ich brauche ...** [ɪç 'bʁaʊχə ...]
un billete	**eine Fahrkarte** ['aɪnə 'fa:ɐ̯ˌkaʁtə]
dos billetes	**zwei Fahrkarten** ['tsvaɪ 'fa:ɐ̯ˌkaʁtən]
tres billetes	**drei Fahrkarten** [dʁaɪ 'fa:ɐ̯ˌkaʁtən]

sólo ida	**in eine Richtung** [ɪn 'aɪnə 'ʁɪçtʊŋ]
ida y vuelta	**hin und zurück** [hɪn ʊnt tsu'ʁʏk]
en primera (primera clase)	**erste Klasse** ['ɛʁstə 'klasə]
en segunda (segunda clase)	**zweite Klasse** ['tsvaɪtə 'klasə]

hoy	**heute** ['hɔɪtə]
mañana	**morgen** ['mɔʁgən]
pasado mañana	**übermorgen** ['y:bɐˌmɔʁgən]
por la mañana	**am Vormittag** [am 'fo:ɐmɪta:k]
por la tarde	**am Nachmittag** [am 'na:χmɪˌta:k]
por la noche	**am Abend** [am 'a:bənt]

asiento de pasillo

Gangplatz
['gaŋˌplats]

asiento de ventanilla

Fensterplatz
['fɛnstɐˌplats]

¿Cuánto cuesta?

Wie viel?
[viː fiːl?]

¿Puedo pagar con tarjeta?

Kann ich mit Karte zahlen?
[kan ɪç mɪt 'kaʁtə 'tsaːlən?]

Autobús

el autobús	**Bus** [bʊs]
el autobús interurbano	**Fernbus** ['fɛʁnbʊs]
la parada de autobús	**Bushaltestelle** ['bʊshaltəˌʃtɛlə]
¿Dónde está la parada de autobuses más cercana?	**Wo ist die nächste Bushaltestelle?** [vo: ist di 'nɛ:çstə 'bʊshaltəˌʃtɛlə?]
número	**Nummer** ['nʊmə]
¿Qué autobús tengo que tomar para ...?	**Welchen Bus nehme ich um nach ... zu kommen?** ['vɛlçən bʊs 'ne:mə ɪç ʊm na:χ ... tsu 'kɔmən?]
¿Este autobús va a ...?	**Fährt dieser Bus nach ...?** [fɛ:ɐt 'di:zɐ bʊs na:χ ...?]
¿Cada cuanto pasa el autobús?	**Wie oft fahren die Busse?** [vi: ɔft 'fa:ʁən di 'bʊsə?]
cada 15 minutos	**alle fünfzehn Minuten** [alə 'fʏnftse:n mi'nu:tən]
cada media hora	**jede halbe Stunde** ['je:də 'halbə 'ʃtʊndə]
cada hora	**jede Stunde** ['je:də 'ʃtʊndə]
varias veces al día	**mehrmals täglich** ['me:ɐma:ls 'tɛ:klɪç]
... veces al día	**... Mal am Tag** [... mal am ta:k]
el horario	**Zeitplan** ['tsaɪtˌpla:n]
¿Dónde puedo ver el horario?	**Wo kann ich den Zeitplan sehen?** [vo: kan ɪç den 'tsaɪtˌpla:n 'ze:ən?]
¿Cuándo pasa el siguiente autobús?	**Wann kommt der nächste Bus?** [van kɔmt de:ɐ 'nɛ:çstə bʊs?]
¿Cuándo pasa el primer autobús?	**Wann kommt der erste Bus?** [van kɔmt de:ɐ 'ɛʁstə bʊs?]
¿Cuándo pasa el último autobús?	**Wann kommt der letzte Bus?** [van kɔmt de:ɐ 'lɛtstə bʊs?]
la parada	**Halt** [halt]

la siguiente parada	**nächster Halt** ['nɛːçstɐ halt]
la última parada	**letzter Halt** ['lɛtstɐ halt]
Pare aquí, por favor.	**Halten Sie hier bitte an.** ['haltən ziː hiːɐ 'bɪtə an]
Perdone, esta es mi parada.	**Entschuldigen Sie mich,** **dies ist meine Haltestelle.** [ɛntˈʃʊldɪgən ziː mɪç, diːs ist maɪnə 'haltəʃtɛlə]

Tren

el tren	**Zug** [tsu:k]
el tren de cercanías	**S-Bahn** ['ɛsˌba:n]
el tren de larga distancia	**Fernzug** ['fɛʀnˌtsu:k]
la estación de tren	**Bahnhof** ['ba:nˌho:f]
Perdone, ¿dónde está la salida al anden?	**Entschuldigen Sie bitte,** **wo ist der Ausgang zum Bahngleis?** [ɛnt'ʃʊldɪgən zi: 'bɪtə, vo: ist de:ɐ 'aʊsgaŋ tsʊm 'ba:nˌglaɪs?]

¿Este tren va a …?	**Fährt dieser Zug nach …?** [fɛːɐt 'di:zɐ tsu:k na:χ …?]
el siguiente tren	**nächster Zug** ['nɛːçstɐ tsu:k]
¿Cuándo pasa el siguiente tren?	**Wann kommt der nächste Zug?** [van kɔmt de:ɐ 'nɛːçstə tsu:k?]
¿Dónde puedo ver el horario?	**Wo kann ich den Zeitplan sehen?** [vo: kan ɪç den 'tsaɪtˌpla:n 'ze:ən?]
¿De qué andén?	**Von welchem Bahngleis?** [fɔn 'vɛlχəm 'ba:nˌglaɪs?]
¿Cuándo llega el tren a …?	**Wann kommt der Zug in … an?** [van kɔmt de:ɐ tsu:k ɪn … an?]

Ayudeme, por favor.	**Helfen Sie mir bitte.** ['hɛlfən zi: mi:ɐ 'bɪtə]
Busco mi asiento.	**Ich suche meinen Platz.** [ɪç 'zu:χə 'maɪnən plats]
Buscamos nuestros asientos.	**Wir suchen unsere Plätze.** [vi:ɐ 'zu:χən 'ʊnzərə 'plɛtsə]

Mi asiento está ocupado.	**Unser Platz ist besetzt.** ['ʊnzɐ plats ist bə'zɛtst]
Nuestros asientos están ocupados.	**Unsere Plätze sind besetzt.** ['ʊnzərə 'plɛtsə zɪnt bə'zɛtst]
Perdone, pero ese es mi asiento.	**Entschuldigen Sie,** **aber das ist mein Platz.** [ɛnt'ʃʊldɪgən zi:, 'a:bɐ das ist maɪn plats]

¿Está libre?

Ist der Platz frei?
[ist deːɐ plats fʀaɪ?]

¿Puedo sentarme aquí?

Darf ich mich hier setzen?
[daʁf ɪç mɪç hiːɐ 'zɛtsən?]

En el tren. Diálogo (Sin billete)

Su billete, por favor.	**Fahrkarte bitte.** ['faːɐ̯ˌkaʁtə bɪtə]
No tengo billete.	**Ich habe keine Fahrkarte.** [ɪç 'haːbə kaɪnə 'faːɐ̯ˌkaʁtə]
He perdido mi billete.	**Ich habe meine Fahrkarte verloren.** [ɪç 'haːbə maɪnə 'faːɐ̯ˌkaʁtə fɛɐ̯'loːʁən]
He olvidado mi billete en casa.	**Ich habe meine Fahrkarte zuhause vergessen.** [ɪç 'haːbə maɪnə 'faːɐ̯ˌkaʁtə tsu'haʊzə fɛɐ̯'gɛsən]

Le puedo vender un billete.	**Sie können von mir eine Fahrkarte kaufen.** [ziː 'kœnən fɔn miːɐ̯ 'aɪnə 'faːɐ̯ˌkaʁtə 'kaʊfən]
También deberá pagar una multa.	**Sie werden auch eine Strafe zahlen.** [ziː 'veːɐ̯dən aʊχ 'aɪnə 'ʃtʁaːfə 'tsaːlən]
Vale.	**Gut.** [guːt]
¿A dónde va usted?	**Wohin fahren Sie?** [vo'hɪn 'faːʁən ziː?]
Voy a …	**Ich fahre nach …** [ɪç 'faːʁə naːχ …]

¿Cuánto es? No lo entiendo.	**Wie viel? Ich verstehe nicht.** [viː fiːl? ɪç fɛɐ̯'ʃteːə nɪçt]
Escríbalo, por favor.	**Schreiben Sie es bitte auf.** ['ʃʁaɪbən ziː ɛs 'bɪtə aʊf]
Vale. ¿Puedo pagar con tarjeta?	**Gut. Kann ich mit Karte zahlen?** [guːt. kan ɪç mɪt 'kaʁtə 'tsaːlən?]
Sí, puede.	**Ja, das können Sie.** [jaː, das 'kœnən ziː]

Aquí está su recibo.	**Hier ist ihre Quittung.** ['hiːɐ̯ ist 'iːʁə 'kvɪtʊŋ]
Disculpe por la multa.	**Tut mir leid wegen der Strafe.** [tuːt miːɐ̯ laɪt 'veːgən deːɐ̯ 'ʃtʁaːfə]
No pasa nada. Fue culpa mía.	**Das ist in Ordnung. Es ist meine Schuld.** [das is ɪn 'ɔʁdnʊŋ. ɛs ist 'maɪnə ʃʊlt]
Disfrute su viaje.	**Genießen Sie Ihre Fahrt.** [gə'niːsən ziː 'iːʁə faːɐ̯t]

Taxi

taxi	**Taxi** ['taksi]
taxista	**Taxifahrer** ['taksiˌfaːʀɐ]
coger un taxi	**Ein Taxi nehmen** [aɪn 'taksi 'neːmən]
parada de taxis	**Taxistand** ['taksiˌʃtant]
¿Dónde puedo coger un taxi?	**Wo kann ich ein Taxi bekommen?** [voː kan ɪç aɪn 'taksi be'kɔmən?]

llamar a un taxi	**Ein Taxi rufen** [aɪn 'taksi 'ʀuːfən]
Necesito un taxi.	**Ich brauche ein Taxi.** [ɪç 'bʀauχə aɪn 'taksi]
Ahora mismo.	**Jetzt sofort.** [jɛtst zoˈfɔʁt]
¿Cuál es su dirección?	**Wie ist Ihre Adresse?** [vi ist 'iːʀə a'dʀɛsə?]
Mi dirección es …	**Meine Adresse ist …** ['maɪnə a'dʀɛsə ist …]
¿Cuál es el destino?	**Ihr Ziel?** [iːɐ tsiːl?]

Perdone, …	**Entschuldigen Sie bitte, …** [ɛntˈʃuldɪgən ziː 'bɪtə, …]
¿Está libre?	**Sind Sie frei?** [zɪnt ziː fʀaɪ?]
¿Cuánto cuesta ir a …?	**Was kostet die Fahrt nach …?** [vas 'koːstət di faːɐt naχ …?]
¿Sabe usted dónde está?	**Wissen Sie wo es ist?** ['vɪsən ziː voː ɛs 'ist?]

Al aeropuerto, por favor.	**Flughafen, bitte.** ['fluːkˌhaːfən, 'bɪtə]
Pare aquí, por favor.	**Halten Sie hier bitte an.** ['haltən ziː hiːɐ 'bɪtə an]
No es aquí.	**Das ist nicht hier.** [das is nɪçt hiːɐ]
La dirección no es correcta.	**Das ist die falsche Adresse.** [das is di: 'falʃə a'dʀɛsə]
Gire a la izquierda.	**nach links** [naːχ lɪŋks]

Gire a la derecha.	**nach rechts** [naːχ ʀɛçts]
¿Cuánto le debo?	**Was schulde ich Ihnen?** [vas ʃʊldə ɪç ˈiːnən?]
¿Me da un recibo, por favor?	**Ich würde gerne ein Quittung haben, bitte.** [ɪç ˈvʏʀdə ˈgɛʀnə aɪn ˈkvɪtʊŋ ˈhaːbən, ˈbɪtə]
Quédese con el cambio.	**Stimmt so.** [ʃtɪmt zoː]

Espéreme, por favor.	**Warten Sie auf mich bitte.** [ˈvaʀtən ziː ˈaʊf mɪç ˈbɪtə]
cinco minutos	**fünf Minuten** [fʏnf miˈnuːtən]
diez minutos	**zehn Minuten** [tseːn miˈnuːtən]
quince minutos	**fünfzehn Minuten** [ˈfʏnftseːn miˈnuːtən]
veinte minutos	**zwanzig Minuten** [ˈtsvantsɪç miˈnuːtən]
media hora	**eine halbe Stunde** [ˈaɪnə ˈhalbə ˈʃtʊndə]

Hotel

Hola.	**Guten Tag.** [ˌɡutən 'taːk]
Me llamo ...	**Mein Name ist ...** [maɪn 'naːmə ist ...]
Tengo una reserva.	**Ich habe eine Reservierung.** [ɪç 'haːbɛ 'aɪnə ʀezɛʀ'viːʀʊŋ]

Necesito ...	**Ich brauche ...** [ɪç 'bʀaʊχə ...]
una habitación individual	**ein Einzelzimmer** [aɪn 'aɪntsəlˌtsɪmə]
una habitación doble	**ein Doppelzimmer** [aɪn 'dɔpəlˌtsɪmə]
¿Cuánto cuesta?	**Wie viel kostet das?** [viː fiːl 'kɔstət das?]
Es un poco caro.	**Das ist ein bisschen teuer.** [das is aɪn 'bɪsçən 'tɔɪɐ]

¿Tiene alguna más?	**Haben Sie sonst noch etwas?** ['haːbən ziː zɔnst nɔχ 'ɛtvas?]
Me quedo.	**Ich nehme es.** [ɪç 'neːmə ɛs]
Pagaré en efectivo.	**Ich zahle bar.** [ɪç 'tsaːlə baːɐ]

Tengo un problema.	**Ich habe ein Problem.** [ɪç 'haːbə aɪn pʀo'bleːm]
Mi ... no funciona.	**... ist kaputt.** [... ɪst ka'pʊt]
Mi ... está fuera de servicio.	**... ist außer Betrieb.** [... ɪst 'aʊsə bə'tʀiːp]
televisión	**Mein Fernseher** [maɪn 'fɛʀnˌzeːɐ]
aire acondicionado	**Meine Klimaanlage** [maɪnə 'kliːmaˌʔanlaːɡə]
grifo	**Mein Wasserhahn** [maɪn 'vasɐˌhaːn]

ducha	**Meine Dusche** [maɪnə 'duːʃə]
lavabo	**Mein Waschbecken** [maɪn 'vaʃˌbɛkən]
caja fuerte	**Mein Tresor** [maɪn tʀe'zoːɐ]

cerradura	**Mein Türschloss** [maɪn 'ty:ʀʃlɔs]
enchufe	**Meine Steckdose** [maɪnə 'ʃtɛkˌdo:zə]
secador de pelo	**Mein Föhn** [maɪn fø:n]

No tengo ...	**Ich habe kein ...** [ɪç 'ha:bə kaɪn ...]
agua	**Wasser** ['vasɐ]
luz	**Licht** [lɪçt]
electricidad	**Strom** [ʃtʀo:m]

¿Me puede dar ...?	**Können Sie mir ... geben?** ['kœnən zi: mi:ɐ ... 'ge:bən?]
una toalla	**ein Handtuch** [aɪn 'hantˌtu:χ]
una sábana	**eine Decke** ['aɪnə 'dɛkə]
unas chanclas	**Hausschuhe** ['haʊsʃu:ə]
un albornoz	**einen Bademantel** ['aɪnən 'ba:dəˌmantəl]
un champú	**etwas Shampoo** ['ɛtvas 'ʃampu]
jabón	**etwas Seife** ['ɛtvas 'zaɪfə]

Quisiera cambiar de habitación.	**Ich möchte ein anderes Zimmer haben.** [ɪç 'mœçtə aɪn 'andəʀəs 'tsɪmɐ 'ha:bən]
No puedo encontrar mi llave.	**Ich kann meinen Schlüssel nicht finden.** [ɪç kan 'maɪnən 'ʃlʏsəl nɪçt 'fɪndən]
Por favor abra mi habitación.	**Machen Sie bitte meine Tür auf.** ['maχən zi: 'bɪtə 'maɪnə ty:ɐ 'aʊf]

¿Quién es?	**Wer ist da?** [ve:ɐ ist da:?]
¡Entre!	**Kommen Sie rein!** ['kɔmən zi: ʀaɪn!]
¡Un momento!	**Einen Moment bitte!** ['aɪnən mo'mɛnt 'bɪtə!]
Ahora no, por favor.	**Nicht jetzt bitte.** [nɪçt jɛtst 'bɪtə]
Venga a mi habitación, por favor.	**Kommen Sie bitte in mein Zimmer.** ['kɔmən zi: 'bɪtə ɪn maɪn 'tsɪmɐ]

Quisiera hacer un pedido.

Ich würde gerne Essen bestellen.
[ɪç 'vʏʁdə 'gɛʁnə 'ɛsən bə'ʃtɛlən]

Mi número de habitación es …

Meine Zimmernummer ist …
['maɪnə 'tsɪmeˌnʊme ist …]

Me voy …

Ich reise … ab.
[ɪç 'ʁaɪzə … ap]

Nos vamos …

Wir reisen … ab.
[viːɐ 'ʁaɪzən … ap]

Ahora mismo

jetzt
[jɛtst]

esta tarde

diesen Nachmittag
['diːzən 'naːxmɪˌtaːk]

esta noche

heute Abend
['hɔɪtə 'aːbənt]

mañana

morgen
['mɔʁgən]

mañana por la mañana

morgen früh
['mɔʁgən fʁyː]

mañana por la noche

morgen Abend
['mɔʁgən 'aːbənt]

pasado mañana

übermorgen
['yːbeˌmɔʁgən]

Quisiera pagar la cuenta.

Ich möchte die Zimmerrechnung begleichen.
[ɪç 'mœçtə di 'tsɪmeˌʁɛçnʊŋ bə'glaɪçən]

Todo ha estado estupendo.

Alles war wunderbar.
['aləs vaːɐ 'vʊndebaːɐ]

¿Dónde puedo coger un taxi?

Wo kann ich ein Taxi bekommen?
[voː kan ɪç aɪn 'taksi bə'kɔmən?]

¿Puede llamarme un taxi, por favor?

Würden Sie bitte ein Taxi für mich holen?
['vʏʁdən ziː 'bɪtə aɪn 'taksi fyːɐ mɪç 'hoːlən?]

Restaurante

¿Puedo ver el menú, por favor?	**Könnte ich die Speisekarte sehen bitte?** ['kœntə ıç di 'ʃpaızə‚kaʁtə 'zeːən 'bıtə?]
Mesa para uno.	**Tisch für einen.** [tıʃ fyːɐ 'aınən]
Somos dos (tres, cuatro).	**Wir sind zu zweit (dritt, viert).** [viːɐ zınt tsu tsvaıt (dʁıt, fiːet)]

Para fumadores	**Raucher** ['ʁaʊχɐ]
Para no fumadores	**Nichtraucher** ['nıçt‚ʁaʊχɐ]
¡Por favor! (llamar al camarero)	**Entschuldigen Sie mich!** [ɛnt'ʃʊldıgən ziː mıç!]
la carta	**Speisekarte** ['ʃpaızə‚kaʁtə]
la carta de vinos	**Weinkarte** ['vaın‚kaʁtə]
La carta, por favor.	**Die Speisekarte bitte.** [di 'ʃpaızə‚kaʁtə 'bıtə]

¿Está listo para pedir?	**Sind Sie bereit zum bestellen?** [zınt ziː bə'ʁaıt tsʊm bə'ʃtɛlən?]
¿Qué quieren pedir?	**Was würden Sie gerne haben?** [vas 'vyʁdən ziː 'gɛʁnə 'haːbən?]
Yo quiero …	**Ich möchte …** [ıç 'mœçtə …]

Soy vegetariano.	**Ich bin Vegetarier /Vegetarierin/.** [ıç bın vege'taːʁıɐ /vege'taːʁıəʁın/]
carne	**Fleisch** [flaıʃ]
pescado	**Fisch** [fıʃ]
verduras	**Gemüse** [gə'myːzə]
¿Tiene platos para vegetarianos?	**Haben Sie vegetarisches Essen?** ['haːbən ziː vege'taːʁıʃəs 'ɛsən?]

No como cerdo.	**Ich esse kein Schweinefleisch.** [ıç 'ɛsə kaın 'ʃvaınə‚flaıʃ]
Él /Ella/ no come carne.	**Er /Sie/ isst kein Fleisch.** [eːɐ /ziː/ ıst kaın flaıʃ]

Soy alérgico a ...

Ich bin allergisch auf ...
[ɪç bɪn aˈlɛʁgɪʃ aʊf ...]

¿Me puede traer ..., por favor?

Könnten Sie mir bitte ... bringen.
[ˈkœntən ziː miːɐ ˈbɪtə ... ˈbʁɪŋən]

sal | pimienta | azúcar

Salz | Pfeffer | Zucker
[zalts | ˈpfɛfɐ | ˈtsʊkɐ]

café | té | postre

Kaffee | Tee | Nachtisch
[ˈkafe | teː | ˈnaːχˌtɪʃ]

agua | con gas | sin gas

Wasser | Sprudel | stilles
[ˈvasɐ | ˈʃpʁuːdəl | ˈʃtɪləs]

una cuchara | un tenedor | un cuchillo

**einen Löffel | eine Gabel |
ein Messer**
[ˈaɪnən ˈlœfəl | ˈaɪnə ˈgabəl |
aɪn ˈmɛsɐ]

un plato | una servilleta

einen Teller | eine Serviette
[ˈaɪnən ˈtɛlɐ | ˈaɪnə zɛʁˈvɪɛtə]

¡Buen provecho!

Guten Appetit!
[ˌguːtən ˌʔapəˈtiːt!]

Uno más, por favor.

Noch einen bitte.
[nɔχ ˈaɪnən ˈbɪtə]

Estaba delicioso.

Es war sehr lecker.
[ɛs vaːɐ zeːɐ ˈlɛkɐ]

---

la cuenta | el cambio | la propina

Scheck | Wechselgeld | Trinkgeld
[ʃɛk | ˈvɛksəlˌgɛlt | ˈtʁɪŋkˌgɛlt]

La cuenta, por favor.

Zahlen bitte.
[ˈtsaːlən ˈbɪtə]

¿Puedo pagar con tarjeta?

Kann ich mit Karte zahlen?
[kan ɪç mɪt ˈkaʁtə ˈtsaːlən?]

Perdone, aquí hay un error.

Entschuldigen Sie, hier ist ein Fehler.
[ɛntˈʃʊldɪgən ziː, hiːɐ ist aɪn ˈfeːlɐ]

De Compras

¿Puedo ayudarle?

Kann ich Ihnen behilflich sein?
[kan ɪç 'iːnən bə'hɪlflɪç zaɪn?]

¿Tiene ...?

Haben Sie ...?
['haːbən ziː ...?]

Busco ...

Ich suche ...
[ɪç 'zuːχə ...]

Necesito ...

Ich brauche ...
[ɪç 'bʁaʊχə ...]

Sólo estoy mirando.

Ich möchte nur schauen.
[ɪç 'mœçtə nuːɐ 'ʃaʊən]

Sólo estamos mirando.

Wir möchten nur schauen.
[viːɐ 'mœçtən nuːɐ 'ʃaʊən]

Volveré más tarde.

Ich komme später noch einmal zurück.
[ɪç 'kɔmə 'ʃpɛːtɐ nɔχ 'aɪnmaːl tsuˈʁʏk]

Volveremos más tarde.

Wir kommen später vorbei.
[viːɐ 'kɔmən 'ʃpɛːtɐ foːɐ'baɪ]

descuentos | oferta

Rabatt | Ausverkauf
[ʁa'bat | 'aʊsfɛɐˌkaʊf]

Por favor, enséñeme ...

Zeigen Sie mir bitte ...
['tsaɪgən ziː miːɐ 'bɪtə ...]

¿Me puede dar ..., por favor?

Geben Sie mir bitte ...
['geːbən ziː miːɐ 'bɪtə ...]

¿Puedo probarmelo?

Kann ich es anprobieren?
[kan ɪç ɛs 'anpʁoˌbiːʁən?]

Perdone, ¿dónde están los probadores?

Entschuldigen Sie bitte, wo ist die Anprobe?
[ɛnt'ʃʊldɪgən ziː 'bɪtə, voː ist diː 'anpʁoːbə?]

¿Qué color le gustaría?

Welche Farbe mögen Sie?
['vɛlçə 'faʁbə 'møgən ziː?]

la talla | el largo

Größe | Länge
['gʁøːsə | 'lɛŋə]

¿Cómo le queda? (¿Está bien?)

Wie sitzt es?
[viː zɪtst ɛs?]

¿Cuánto cuesta esto?

Was kostet das?
[vas 'koːstət das?]

Es muy caro.

Das ist zu teuer.
[das is tsu 'tɔɪɐ]

Me lo llevo.

Ich nehme es.
[ɪç 'neːmə ɛs]

Perdone, ¿dónde está la caja?	**Entschuldigen Sie bitte, wo ist die Kasse?** [ɛnt'ʃʊldɪgən zi: 'bɪtə, vo: ɪst di 'kasə?]
¿Pagará en efectivo o con tarjeta?	**Zahlen Sie Bar oder mit Karte?** ['tsaːlən zi: baːɐ 'oːdɐ mɪt 'kaʁtə?]
en efectivo	con tarjeta	**in Bar	mit Karte** [ɪn baːɐ	mɪt 'kaʁtə]

¿Quiere el recibo?	**Brauchen Sie die Quittung?** ['bʁaʊxən zi: di 'kvɪtʊŋ?]
Sí, por favor.	**Ja, bitte.** [jaː, 'bɪtə]
No, gracias.	**Nein, es ist ok.** [naɪn, ɛs ist o'keː]
Gracias. ¡Que tenga un buen día!	**Danke. Einen schönen Tag noch!** ['daŋkə. 'aɪnən 'ʃøːnən 'tak nɔx!]

En la ciudad

Perdone, por favor.	**Entschuldigen Sie bitte, ...** [ɛntˈʃʊldɪgən zi: ˈbɪtə, ...]
Busco ...	**Ich suche ...** [ɪç ˈzu:χə ...]
el metro	**die U-Bahn** [di ˈu:ba:n]
mi hotel	**mein Hotel** [maɪn hoˈtɛl]

el cine	**das Kino** [das ˈki:no]
una parada de taxis	**den Taxistand** [den ˈtaksiˌʃtant]
un cajero automático	**einen Geldautomat** [ˈaɪnən ˈgɛlt?autoˌma:t]
una oficina de cambio	**eine Wechselstube** [ˈaɪnə ˈvɛksəlˌʃtu:bə]

un cibercafé	**ein Internetcafé** [aɪn ˈɪntənɛt·kaˌfe:]
la calle ...	**die ... -Straße** [di ... ˈʃtra:sə]
este lugar	**diesen Ort** [ˈdi:zən ɔʁt]

¿Sabe usted dónde está ...?	**Wissen Sie, wo ... ist?** [ˈvɪsən zi:, vo: ... ˈist?]
¿Cómo se llama esta calle?	**Wie heißt diese Straße?** [vi: haɪst ˈdi:zə ˈʃtra:sə?]
Muestreme dónde estamos ahora.	**Zeigen Sie mir wo wir gerade sind.** [ˈtsaɪgən zi: mi:ɐ vo: vi:ɐ gəˈʁa:də zɪnt]
¿Puedo llegar a pie?	**Kann ich dort zu Fuß hingehen?** [kan ɪç dɔʁt tsu fu:s ˈhɪnˌge:ən?]
¿Tiene un mapa de la ciudad?	**Haben Sie einen Stadtplan?** [ˈha:bən zi: ˈaɪnən ˈʃtatˌpla:n?]

¿Cuánto cuesta la entrada?	**Was kostet eine Eintrittskarte?** [vas ˈko:stət ˈaɪnə ˈaɪntʁɪtsˌkaʁtə?]
¿Se pueden hacer fotos aquí?	**Darf man hier fotografieren?** [daʁf man hi:ɐ fotogʁaˈfi:ʁən?]
¿Está abierto?	**Haben Sie offen?** [ˈha:bən zi: ˈɔfən?]

¿A qué hora abren?

Wann öffnen Sie?
[van 'œfnən zi:?]

¿A qué hora cierran?

Wann schließen Sie?
[van 'ʃliːsən zi:?]

Dinero

dinero	**Geld** [gɛlt]
efectivo	**Bargeld** ['baːɐˌgɛlt]
billetes	**Papiergeld** [paˈpiːɐˌgɛlt]
monedas	**Kleingeld** ['klaɪnˌgɛlt]
la cuenta | el cambio | la propina	**Scheck | Wechselgeld | Trinkgeld** [ʃɛk | 'vɛksəlˌgɛlt | 'tʀɪŋkˌgɛlt]

la tarjeta de crédito	**Kreditkarte** [kʀeˈdiːtˌkaʀtə]
la cartera	**Geldbeutel** ['gɛltˌbɔɪtəl]
comprar	**kaufen** ['kaʊfən]
pagar	**zahlen** ['tsaːlən]
la multa	**Strafe** ['ʃtʀaːfə]
gratis	**kostenlos** ['kɔstənloːs]

¿Dónde puedo comprar …?	**Wo kann ich … kaufen?** [voː kan ɪç … 'kaʊfən?]
¿Está el banco abierto ahora?	**Ist die Bank jetzt offen?** [ist di baŋk jɛtst 'ɔfən?]
¿A qué hora abre?	**Wann öffnet sie?** [van 'œfnət ziː?]
¿A qué hora cierra?	**Wann schließt sie?** [van ʃliːst ziː?]

¿Cuánto cuesta?	**Wie viel?** [viː fiːl?]
¿Cuánto cuesta esto?	**Was kostet das?** [vas 'koːstət das?]
Es muy caro.	**Das ist zu teuer.** [das is tsu 'tɔɪɐ]
Perdone, ¿dónde está la caja?	**Entschuldigen Sie bitte, wo ist die Kasse?** [ɛntˈʃuldɪgən ziː 'bɪtə, voː ist di 'kasə?]

La cuenta, por favor.	**Ich möchte zahlen.** [ɪç 'mœçtə 'tsa:lən]
¿Puedo pagar con tarjeta?	**Kann ich mit Karte zahlen?** [kan ɪç mɪt 'kaʁtə 'tsa:lən?]
¿Hay un cajero por aquí?	**Gibt es hier einen Geldautomat?** [gi:pt ɛs hi:ɐ 'aɪnən 'gɛlt?aʊto͜ma:t?]
Busco un cajero automático.	**Ich brauche einen Geldautomat.** [ɪç 'bʁaʊχə 'aɪnən 'gɛlt?aʊto͜ma:t]

Busco una oficina de cambio.	**Ich suche eine Wechselstube.** [ɪç 'zu:χə 'aɪnə 'vɛksəlʃtu:bə]
Quisiera cambiar ...	**Ich möchte ... wechseln.** [ɪç 'mœçtə ... 'vɛksəln]
¿Cuál es el tipo de cambio?	**Was ist der Wechselkurs?** [vas ɪst de:ɐ 'vɛksəl͜kuʁs]
¿Necesita mi pasaporte?	**Brauchen Sie meinen Reisepass?** ['bʁaʊχən zi: 'maɪnən 'ʁaɪzə͜pas?]

Tiempo

¿Qué hora es?

Wie spät ist es?
[vi: ʃpɛ:t ist ɛs?]

¿Cuándo?

Wann?
[van?]

¿A qué hora?

Um wie viel Uhr?
[ʊm vifi:l u:ɐ?]

ahora | luego | después de ...

jetzt | später | nach ...
[jɛtst | 'ʃpɛ:tɐ | na:χ ...]

la una

ein Uhr
[aɪn u:ɐ]

la una y cuarto

Viertel zwei
['fɪʁtəl tsvaɪ]

la una y medio

ein Uhr dreißig
[aɪn u:ɐ 'dʀaɪsɪç]

las dos menos cuarto

Viertel vor zwei
['fɪʁtəl fo:ɐ tsvaɪ]

una | dos | tres

eins | zwei | drei
[aɪns | tsvaɪ | dʀaɪ]

cuatro | cinco | seis

vier | fünf | sechs
[fi:ɐ | fʏnf | zɛks]

siete | ocho | nueve

sieben | acht | neun
['zi:bən | aχt | nɔɪn]

diez | once | doce

zehn | elf | zwölf
[tse:n | ɛlf | tsvœlf]

en ...

in ...
[ɪn ...]

cinco minutos

fünf Minuten
[fʏnf mi'nu:tən]

diez minutos

zehn Minuten
[tse:n mi'nu:tən]

quince minutos

fünfzehn Minuten
['fʏnftse:n mi'nu:tən]

veinte minutos

zwanzig Minuten
['tsvantsɪç mi'nu:tən]

media hora

einer halben Stunde
['aɪnɐ 'halbən 'ʃtʊndə]

una hora

einer Stunde
['aɪnɐ 'ʃtʊndə]

por la mañana

am Vormittag
[am 'fo:ɐmɪta:k]

por la mañana temprano	**früh am Morgen** [fʀy: am 'mɔʁɡən]
esta mañana	**diesen Morgen** ['di:zən 'mɔʁɡən]
mañana por la mañana	**morgen früh** ['mɔʁɡən fʀy:]
al mediodía	**am Mittag** [am 'mɪta:k]
por la tarde	**am Nachmittag** [am 'na:χmɪta:k]
por la noche	**am Abend** [am 'a:bənt]
esta noche	**heute Abend** ['hɔɪtə 'a:bənt]
por la noche	**in der Nacht** [ɪn de:ɐ naχt]
ayer	**gestern** ['gɛstən]
hoy	**heute** ['hɔɪtə]
mañana	**morgen** ['mɔʁɡən]
pasado mañana	**übermorgen** ['y:bɐˌmɔʁɡən]
¿Qué día es hoy?	**Welcher Tag ist heute?** ['vɛlçɐ ta:k ist 'hɔɪtə?]
Es …	**Es ist …** [ɛs ist …]
lunes	**Montag** ['mo:nta:k]
martes	**Dienstag** ['di:nsta:k]
miércoles	**Mittwoch** ['mɪtvɔχ]
jueves	**Donnerstag** ['dɔnɐsta:k]
viernes	**Freitag** ['fʀaɪta:k]
sábado	**Samstag** ['zamsta:k]
domingo	**Sonntag** ['zɔnta:k]

Saludos. Presentaciones.

Hola.	**Hallo.** [ha'lo:]
Encantado /Encantada/ de conocerle.	**Freut mich, Sie kennen zu lernen.** [fʀɔɪt mɪç, zi: 'kɛnən tsu 'lɛʁnən]
Yo también.	**Ganz meinerseits.** [gants 'maɪnɐˌzaɪts]
Le presento a ...	**Darf ich vorstellen? Das ist ...** [daʁf ɪç 'fo:ɐʃtɛlən? das ɪs ...]
Encantado.	**Sehr angenehm.** [ze:ɐ 'angəˌne:m]

¿Cómo está?	**Wie geht es Ihnen?** [vi: ge:t ɛs 'i:nən?]
Me llamo ...	**Ich heiße ...** [ɪç 'haɪsə ...]
Se llama ...	**Er heißt ...** [e:ɐ haɪst ...]
Se llama ...	**Sie heißt ...** [zi: haɪst ...]
¿Cómo se llama (usted)?	**Wie heißen Sie?** [vi: 'haɪsən zi:?]
¿Cómo se llama (él)?	**Wie heißt er?** [vi: haɪst e:ɐ?]
¿Cómo se llama (ella)?	**Wie heißt sie?** [vi: haɪst zi:?]

¿Cuál es su apellido?	**Wie ist Ihr Nachname?** [vi: ist i:ɐ 'na:xˌna:mə?]
Puede llamarme ...	**Sie können mich ... nennen.** [zi: 'kœnən mɪç ... 'nɛnən]
¿De dónde es usted?	**Woher kommen Sie?** [vo'he:ɐ 'kɔmən zi:?]
Yo soy de	**Ich komme aus ...** [ɪç 'kɔmə 'aʊs ...]
¿A qué se dedica?	**Was machen Sie beruflich?** [vas 'maxən zi: bə'ʀu:flɪç?]
¿Quién es?	**Wer ist das?** [ve:ɐ ist das?]
¿Quién es él?	**Wer ist er?** [ve:ɐ ist e:ɐ?]
¿Quién es ella?	**Wer ist sie?** [ve:ɐ ist zi:?]
¿Quiénes son?	**Wer sind sie?** [ve:ɐ zɪnt zi:?]

Este es ...	**Das ist ...** [das is ...]
mi amigo	**mein Freund** [maɪn frɔɪnt]
mi amiga	**meine Freundin** ['maɪnə 'frɔɪndin]
mi marido	**mein Mann** [maɪn man]
mi mujer	**meine Frau** ['maɪnə 'fraʊ]
mi padre	**mein Vater** [maɪn 'faːtɐ]
mi madre	**meine Mutter** ['maɪnə 'mʊtɐ]
mi hermano	**mein Bruder** [maɪn 'bruːdɐ]
mi hermana	**meine Schwester** ['maɪnə 'ʃvɛstɐ]
mi hijo	**mein Sohn** [maɪn zoːn]
mi hija	**meine Tochter** ['maɪnə 'tɔxtɐ]
Este es nuestro hijo.	**Das ist unser Sohn.** [das is 'ʊnzɐ zoːn]
Esta es nuestra hija.	**Das ist unsere Tochter.** [das is 'ʊnzərə 'tɔxtɐ]
Estos son mis hijos.	**Das sind meine Kinder.** [das zɪnt 'maɪnə 'kɪndɐ]
Estos son nuestros hijos.	**Das sind unsere Kinder.** [das zɪnt 'ʊnzərə 'kɪndɐ]

Despedidas

¡Adiós!

Auf Wiedersehen!
[aʊf 'viːdɐˌzeːən!]

¡Chau!

Tschüs!
[ʧyːs!]

Hasta mañana.

Bis morgen.
[bɪs 'mɔʁɡən]

Hasta pronto.

Bis bald.
[bɪs balt]

Te veo a las siete.

Bis um sieben.
[bɪs ʊm ziːbən]

¡Que se diviertan!

Viel Spaß!
[fiːl ʃpaːs!]

Hablamos más tarde.

Wir sprechen später.
[viːɐ 'ʃpʀɛçən 'ʃpɛːtə]

Que tengas un buen fin de semana.

**Ich wünsche Ihnen
ein schönes Wochenende.**
[ɪç 'vʏnʃə 'iːnən
aɪn 'ʃøːnəs 'vɔxənˌʔɛndə]

Buenas noches.

Gute Nacht.
['guːtə naxt]

Es hora de irme.

Es ist Zeit, dass ich gehe.
[ɛs ist tsaɪt, das ɪç 'geːə]

Tengo que irme.

Ich muss gehen.
[ɪç mʊs 'geːən]

Ahora vuelvo.

Ich bin gleich wieder da.
[ɪç bɪn glaɪç 'viːdə da]

Es tarde.

Es ist schon spät.
[ɛs ist ʃoːn ʃpɛːt]

Tengo que levantarme temprano.

Ich muss früh aufstehen.
[ɪç mʊs fʀyː 'aʊfʃteːən]

Me voy mañana.

Ich reise morgen ab.
[ɪç 'ʀaɪzə 'mɔʁɡən ap]

Nos vamos mañana.

Wir reisen morgen ab.
[viːɐ 'ʀaɪzən 'mɔʁɡən ap]

¡Que tenga un buen viaje!

Ich wünsche Ihnen eine gute Reise!
[ɪç 'vʏnʃə 'iːnən 'aɪnə 'guːtə 'ʀaɪzə!]

Ha sido un placer.

**Hat mich gefreut,
Sie kennen zu lernen.**
[hat mɪç gə'fʀɔɪt,
ziː 'kɛnən tsu 'lɛʁnən]

Fue un placer hablar con usted.

**Hat mich gefreut mit Ihnen
zu sprechen.**
[hat mıç gə'fʀɔıt mıt 'i:nən
tsu 'ʃpʀɛçən]

Gracias por todo.

Danke für alles.
['daŋkə fy:ɐ 'aləs]

Lo he pasado muy bien.

Ich hatte eine sehr gute Zeit.
[ıç hatə 'aınə ze:ɐ 'gu:tə tsaıt]

Lo pasamos muy bien.

Wir hatten eine sehr gute Zeit.
[vi:ɐ 'hatən 'aınə ze:ɐ 'gu:tə tsaıt]

Fue genial.

Es war wirklich toll.
[ɛs va:ɐ 'vıʀklıç tɔl]

Le voy a echar de menos.

Ich werde Sie vermissen.
[ıç 've:ɐdə zi: fɛɐ'mısən]

Le vamos a echar de menos.

Wir werden Sie vermissen.
[vi:ɐ 've:ɐdən zi: fɛɐ'mısən]

¡Suerte!

Viel Glück!
[fi:l glʏk!]

Saludos a …

Grüßen Sie …
['gʀy:sən zi: …]

Idioma extranjero

No entiendo.

Ich verstehe nicht.
[ɪç fɛɐ'ʃteːə nɪçt]

Escríbalo, por favor.

Schreiben Sie es bitte auf.
['ʃʀaɪbən ziː ɛs 'bɪtə aʊf]

¿Habla usted ...?

Sprechen Sie ...?
['ʃpʀɛçən ziː ...?]

Hablo un poco de ...

Ich spreche ein bisschen ...
[ɪç 'ʃpʀɛçə aɪn 'bɪsçən ...]

inglés

Englisch
['ɛŋlɪʃ]

turco

Türkisch
['tʏʀkɪʃ]

árabe

Arabisch
[a'ʀaːbɪʃ]

francés

Französisch
[fʀan'tsøːzɪʃ]

alemán

Deutsch
[dɔɪʧ]

italiano

Italienisch
[ˌita'lɪeːnɪʃ]

español

Spanisch
['ʃpaːnɪʃ]

portugués

Portugiesisch
[poʀtu'giːzɪʃ]

chino

Chinesisch
[çi'neːzɪʃ]

japonés

Japanisch
[ja'paːnɪʃ]

¿Puede repetirlo, por favor?

Können Sie das bitte wiederholen.
['kœnən ziː das 'bɪtə viːdɐ'hoːlən]

Lo entiendo.

Ich verstehe.
[ɪç fɛɐ'ʃteːə]

No entiendo.

Ich verstehe nicht.
[ɪç fɛɐ'ʃteːə nɪçt]

Hable más despacio, por favor.

Sprechen Sie etwas langsamer.
['ʃpʀɛçən ziː 'ɛtvas 'laŋˌzaːmɐ]

¿Está bien?

Ist das richtig?
[ist das 'ʀɪçtɪç?]

¿Qué es esto? (¿Que significa esto?)

Was ist das?
[vas ɪst das?]

Disculpas

Perdone, por favor.	**Entschuldigen Sie bitte.** [ɛntˈʃʊldɪɡən ziː ˈbɪtə]
Lo siento.	**Es tut mir leid.** [ɛs tuːt miːɐ laɪt]
Lo siento mucho.	**Es tut mir sehr leid.** [ɛs tuːt miːɐ zeːɐ laɪt]
Perdón, fue culpa mía.	**Es tut mir leid, das ist meine Schuld.** [ɛs tuːt miːɐ laɪt, das ist ˈmaɪnə ʃʊlt]
Culpa mía.	**Das ist mein Fehler.** [das is maɪn ˈfeːlɐ]

¿Puedo ...?	**Darf ich ...?** [daʁf ɪç ...?]
¿Le molesta si ...?	**Haben Sie etwas dagegen,** **wenn ich ...?** [haːbən ziː ˈɛtvas daˈgeːgən, vɛn ɪç ...?]
¡No hay problema! (No pasa nada.)	**Es ist okay.** [ɛs ist oˈkeː]
Todo está bien.	**Alles in Ordnung.** [ˈaləs ɪn ˈɔʁdnʊŋ]
No se preocupe.	**Machen Sie sich keine Sorgen.** [ˈmaχən ziː zɪç ˈkaɪnə ˈzɔʁgən]

Acuerdos

Sí.	**Ja.** [ja:]
Sí, claro.	**Ja, natürlich.** [ja:, na'ty:əlɪç]
Bien.	**Ok! Gut!** [o'ke:! gu:t!]
Muy bien.	**Sehr gut.** [ze:ɐ gu:t]
¡Claro que sí!	**Natürlich!** [na'ty:əlɪç!]
Estoy de acuerdo.	**Genau.** [ge'naʊ]
Es verdad.	**Das stimmt.** [das ʃtɪmt]
Es correcto.	**Das ist richtig.** [das is 'ʀɪçtɪç]
Tiene razón.	**Sie haben Recht.** [zi: 'ha:bən ʀɛçt]
No me molesta.	**Ich habe nichts dagegen.** [ɪç 'ha:bə nɪçts da'ge:gən]
Es completamente cierto.	**Völlig richtig.** ['fœlɪç 'ʀɪçtɪç]
Es posible.	**Das kann sein.** [das kan zaɪn]
Es una buena idea.	**Das ist eine gute Idee.** [das is 'aɪnə 'gu:tə i'de:]
No puedo decir que no.	**Ich kann es nicht ablehnen.** [ɪç kan ɛs nɪçt 'ap‚le:nən]
Estaré encantado /encantada/.	**Ich würde mich freuen.** [ɪç 'vʏʀdə mɪç 'fʀɔɪən]
Será un placer.	**Gerne.** ['gɛʀnə]

Rechazo. Expresar duda

No.
Nein.
[naɪn]

Claro que no.
Natürlich nicht.
[na'tyːɐlɪç nɪçt]

No estoy de acuerdo.
Ich stimme nicht zu.
[ɪç 'ʃtɪmə nɪçt tsu]

No lo creo.
Das glaube ich nicht.
[das 'glaʊbə ɪç nɪçt]

No es verdad.
Das ist falsch.
[das is falʃ]

No tiene razón.
Sie liegen falsch.
[ziː 'liːgən falʃ]

Creo que no tiene razón.
Ich glaube, Sie haben Unrecht.
[ɪç 'glaʊbə, ziː 'haːbən 'ʊnˌʀɛçt]

No estoy seguro /segura/.
Ich bin nicht sicher.
[ɪç bɪn nɪçt 'zɪçɐ]

No es posible.
Das ist unmöglich.
[das is 'ʊnmøːklɪç]

¡Nada de eso!
Nichts dergleichen!
[nɪçts deːɐ'glaɪçən!]

Justo lo contrario.
Im Gegenteil!
[ɪm 'geːgəntaɪl!]

Estoy en contra de ello.
Ich bin dagegen.
[ɪç bɪn da'geːgən]

No me importa. (Me da igual.)
Es ist mir egal.
[ɛs ist miːɐ e'gaːl]

No tengo ni idea.
Keine Ahnung.
['kaɪnə 'aːnʊŋ]

Dudo que sea así.
Ich bezweifle, dass es so ist.
[ɪç bə'tsvaɪflə, das ɛs zoː ist]

Lo siento, no puedo.
Es tut mir leid, ich kann nicht.
[ɛs tuːt miːɐ laɪt, ɪç kan nɪçt]

Lo siento, no quiero.
Es tut mir leid, ich möchte nicht.
[ɛs tuːt miːɐ laɪt, ɪç 'mœçtə nɪçt]

Gracias, pero no lo necesito.
Danke, das brauche ich nicht.
['daŋkə, das 'bʀaʊxə ɪç nɪçt]

Ya es tarde.
Es ist schon spät.
[ɛs ist ʃoːn ʃpɛːt]

Tengo que levantarme temprano.

Ich muss früh aufstehen.
[ɪç mʊs fʀy: 'aʊfʃteːən]

Me encuentro mal.

Mir geht es schlecht.
[miːɐ geːt ɛs ʃlɛçt]

Expresar gratitud

Gracias.	**Danke.** ['daŋkə]
Muchas gracias.	**Dankeschön.** ['daŋkəʃøːn]
De verdad lo aprecio.	**Ich bin Ihnen sehr verbunden.** [ɪç bɪn 'iːnən zeːɐ ˌfɛɐ'bʊndən]
Se lo agradezco.	**Ich bin Ihnen sehr dankbar.** [ɪç bɪn 'iːnən zeːɐ 'daŋkbaːɐ]
Se lo agradecemos.	**Wir sind Ihnen sehr dankbar.** [viːɐ zɪnt 'iːnən zeːɐ 'daŋkbaːɐ]

Gracias por su tiempo.	**Danke, dass Sie Ihre Zeit geopfert haben.** ['daŋkə, das ziː 'iːʀə tsaɪt gə'ʔɔpfɐt 'haːbən]
Gracias por todo.	**Danke für alles.** ['daŋkə fyːɐ 'aləs]
Gracias por …	**Danke für …** ['daŋkə fyːɐ …]
su ayuda	**Ihre Hilfe** ['iːʀə 'hɪlfə]
tan agradable momento	**die schöne Zeit** [di 'ʃøːnə tsaɪt]

una comida estupenda	**das wunderbare Essen** [das 'vʊndɐbaːʀə 'ɛsən]
una velada tan agradable	**den angenehmen Abend** [den 'angəˌneːmən 'aːbənt]
un día maravilloso	**den wunderschönen Tag** [dɛn ˌvʊndɐ'ʃøːnən taːk]
un viaje increíble	**die interessante Führung** [di ɪntəʀɛ'santə 'fyːʀʊŋ]

No hay de qué.	**Keine Ursache.** ['kaɪnə 'uːɐˌzaχə]
De nada.	**Nichts zu danken.** [nɪçts tsu 'daŋkən]
Siempre a su disposición.	**Immer gerne.** ['ɪmɐ 'gɛɐnə]
Encantado /Encantada/ de ayudarle.	**Es freut mich, geholfen zu haben.** [ɛs fʀɔɪt mɪç, gə'hɔlfən tsu 'haːbən]

No hay de qué.

Vergessen Sie es.
[fɛɐ̯'ɡɛsən zi: ɛs]

No tiene importancia.

Machen Sie sich keine Sorgen.
['maχən zi: zɪç 'kaɪnə 'zɔʁɡən]

Felicitaciones , Mejores Deseos

¡Felicidades!

Glückwunsch!
['glʏkˌvʊnʃ!]

¡Feliz Cumpleaños!

Alles gute zum Geburtstag!
['aləs 'gu:tə tsʊm gə'bʊʁtsˌta:k!]

¡Feliz Navidad!

Frohe Weihnachten!
[ˌfʀo:ə 'vaɪnaχtən!]

¡Feliz Año Nuevo!

Frohes neues Jahr!
[ˌfʀo:əs 'nɔɪəs ja:ɐ!]

¡Felices Pascuas!

Frohe Ostern!
[ˌfʀo:ə 'o:stɐn!]

¡Feliz Hanukkah!

Frohes Hanukkah!
[ˌfʀo:əs 'ha:nuka:!]

Quiero brindar.

Ich möchte einen Toast ausbringen.
[ɪç 'mœçtə 'aɪnən to:st 'aʊsˌbʀɪŋən]

¡Salud!

Auf Ihr Wohl!
[aʊf i:ɐ vo:l!]

¡Brindemos por …!

Trinken wir auf …!
['tʀɪŋkən vi:ɐ 'aʊf …!]

¡A nuestro éxito!

Auf unseren Erfolg!
[aʊf 'ʊnzəʀən ɛɐ'fɔlk!]

¡A su éxito!

Auf Ihren Erfolg!
[aʊf 'i:ʀən ɛɐ'fɔlk!]

¡Suerte!

Viel Glück!
[fi:l glʏk!]

¡Que tenga un buen día!

Einen schönen Tag noch!
['aɪnən 'ʃø:nən ta:k nɔχ!]

¡Que tenga unas buenas vacaciones!

Haben Sie einen guten Urlaub!
[ha:bən zi: 'aɪnən 'gu:tən 'u:ɐˌlaʊp!]

¡Que tenga un buen viaje!

Haben Sie eine sichere Reise!
['ha:bən zi: 'aɪnə 'zɪçəʀə 'ʀaɪzə!]

¡Espero que se recupere pronto!

Ich hoffe es geht Ihnen bald besser!
[ɪç 'hɔfə ɛs ge:t 'i:nən balt 'bɛsɐ!]

Socializarse

¿Por qué está triste? | **Warum sind Sie traurig?**
[vaˈʀʊm zɪnt ziː ˈtʀaʊʀɪç?]

¡Sonría! ¡Anímese! | **Lächeln Sie!**
[ˈlɛçəln ziː!]

¿Está libre esta noche? | **Sind Sie heute Abend frei?**
[zɪnt ziː ˈhɔɪtə ˈaːbənt fʀaɪ?]

¿Puedo ofrecerle algo de beber? | **Darf ich ihnen was zum Trinken anbieten?**
[daʀf ɪç ˈiːnən vas tsʊm ˈtʀɪŋkən ˈanˌbiːtən?]

¿Querría bailar conmigo? | **Möchten Sie tanzen?**
[ˈmœçtən ziː ˈtantsən?]

Vamos a ir al cine. | **Gehen wir ins Kino.**
[ˈgeːən viːɐ ɪns ˈkiːno]

¿Puedo invitarle a ...? | **Darf ich Sie ins ... einladen?**
[daʀf ɪç ziː ɪns ... ˈaɪnˌlaːdən?]

un restaurante | **Restaurant**
[ʀɛstoˈʀaŋ]

el cine | **Kino**
[ˈkiːno]

el teatro | **Theater**
[teˈaːtɐ]

dar una vuelta | **auf einen Spaziergang**
[aʊf ˈaɪnən ʃpaˈtsiːɐˌgaŋ]

¿A qué hora? | **Um wie viel Uhr?**
[ʊm vifiːl uːɐ?]

esta noche | **heute Abend**
[ˈhɔɪtə ˈaːbənt]

a las seis | **um sechs Uhr**
[ʊm zɛks uːɐ]

a las siete | **um sieben Uhr**
[ʊm ˈziːbən uːɐ]

a las ocho | **um acht Uhr**
[ʊm aχt uːɐ]

a las nueve | **um neun Uhr**
[ʊm ˈnɔɪn uːɐ]

¿Le gusta este lugar? | **Gefällt es Ihnen hier?**
[gəˈfɛlt ɛs ˈiːnən hiːɐ?]

¿Está aquí con alguien? | **Sind Sie hier mit jemandem?**
[zɪnt ziː hiːɐ mɪt ˈjeːmandəm?]

Estoy con mi amigo /amiga/.

Ich bin mit meinem Freund.
[ɪç bɪn mɪt 'maɪnəm fʀɔɪnt]

Estoy con amigos.

Ich bin mit meinen Freunden.
[ɪç bɪn mɪt 'maɪnəm 'fʀɔɪndən]

No, estoy solo /sola/.

Nein, ich bin alleine.
[naɪn, ɪç bɪn a'laɪnə]

¿Tienes novio?

Hast du einen Freund?
[hast du 'aɪnən fʀɔɪnt?]

Tengo novio.

Ich habe einen Freund.
[ɪç 'ha:bə 'aɪnən fʀɔɪnt]

¿Tienes novia?

Hast du eine Freundin?
[hast du 'aɪnə 'fʀɔɪndɪn?]

Tengo novia.

Ich habe eine Freundin.
[ɪç 'ha:bə 'aɪnə 'fʀɔɪndɪn]

¿Te puedo volver a ver?

Kann ich dich nochmals sehen?
[kan ɪç dɪç 'nɔχma:ls 'ze:ən?]

¿Te puedo llamar?

Kann ich dich anrufen?
[kan ɪç dɪç 'an͵ʀu:fən?]

Llámame.

Ruf mich an.
[ʀu:f mɪç an]

¿Cuál es tu número?

Was ist deine Nummer?
[vas ɪst 'daɪnə 'nʊmɐ?]

Te echo de menos.

Ich vermisse dich.
[ɪç fɛɐ'mɪsə dɪç]

¡Qué nombre tan bonito!

Sie haben einen schönen Namen.
[zi: 'ha:bən 'aɪnən 'ʃø:nən 'na:mən]

Te quiero.

Ich liebe dich.
[ɪç 'li:bə dɪç]

¿Te casarías conmigo?

Willst du mich heiraten?
[vɪlst du mɪç 'haɪʀa:tən?]

¡Está de broma!

Sie machen Scherze!
[zi: 'maχən 'ʃɛʀtsə!]

Sólo estoy bromeando.

Ich habe nur gescherzt.
[ɪç 'ha:bə nu:ɐ gə'ʃɛʀtst]

¿En serio?

Ist das Ihr Ernst?
[ist das i:ɐ ɛʀnst?]

Lo digo en serio.

Das ist mein Ernst.
[das is maɪn ɛʀnst]

¿De verdad?

Echt?!
[ɛçt?!]

¡Es increíble!

Das ist unglaublich!
[das is ʊn'glaʊplɪç!]

No le creo.

Ich glaube Ihnen nicht.
[ɪç 'glaʊbə 'i:nən nɪçt]

No puedo.

Ich kann nicht.
[ɪç kan nɪçt]

No lo sé.

Ich weiß nicht.
[ɪç vaɪs nɪçt]

No le entiendo.	**Ich verstehe Sie nicht.** [ɪç fɛɐ'ʃteːə ziː nɪçt]
Váyase, por favor.	**Bitte gehen Sie weg.** ['bɪtə 'geːən ziː vɛk]
¡Déjeme en paz!	**Lassen Sie mich in Ruhe!** ['lasən ziː mɪç ɪn 'ʀuːə!]

Es inaguantable.	**Ich kann ihn nicht ausstehen.** [ɪç kan iːn nɪçt 'aʊsˌʃteːən]
¡Es un asqueroso!	**Sie sind widerlich!** [ziː zɪnt 'viːdɐlɪç!]
¡Llamaré a la policía!	**Ich rufe die Polizei an!** [ɪç 'ʀuːfə diː ˌpoli'tsaɪ an!]

Compartir impresiones. Emociones

Me gusta.	**Das gefällt mir.** [das gə'fɛlt miːɐ]
Muy lindo.	**Sehr nett.** [zeːɐ nɛt]
¡Es genial!	**Das ist toll!** [das is tɔl!]
No está mal.	**Das ist nicht schlecht.** [das is nɪçt ʃlɛçt]

No me gusta.	**Das gefällt mir nicht.** [das gə'fɛlt miːɐ nɪçt]
No está bien.	**Das ist nicht gut.** [das is nɪçt guːt]
Está mal.	**Das ist schlecht.** [das is ʃlɛçt]
Está muy mal.	**Das ist sehr schlecht.** [das is zeːɐ ʃlɛçt]
¡Qué asco!	**Das ist widerlich.** [das is 'viːdɐlɪç]

Estoy feliz.	**Ich bin glücklich.** [ɪç bɪn 'glʏklɪç]
Estoy contento /contenta/.	**Ich bin zufrieden.** [ɪç bɪn tsu'friːdən]
Estoy enamorado /enamorada/.	**Ich bin verliebt.** [ɪç bɪn fɛɐ'liːpt]
Estoy tranquilo.	**Ich bin ruhig.** [ɪç bɪn 'ruːɪç]
Estoy aburrido.	**Ich bin gelangweilt.** [ɪç bɪn gə'laŋˌvaɪlt]

Estoy cansado /cansada/.	**Ich bin müde.** [ɪç bɪn 'myːdə]
Estoy triste.	**Ich bin traurig.** [ɪç bɪn 'traʊrɪç]
Estoy asustado.	**Ich habe Angst.** [ɪç 'haːbə aŋst]
Estoy enfadado /enfadada/.	**Ich bin wütend.** [ɪç bɪn 'vyːtənt]

Estoy preocupado /preocupada/.	**Ich mache mir Sorgen.** [ɪç 'maχə miːɐ 'zɔʁgən]
Estoy nervioso /nerviosa/.	**Ich bin nervös.** [ɪç bɪn nɛʁ'vøːs]

Estoy celoso /celosa/.

Ich bin eifersüchtig.
[ɪç bɪn 'aɪfeˌzʏçtɪç]

Estoy sorprendido /sorprendida/.

Ich bin überrascht.
[ɪç bɪn yːbɐ'ʁaʃt]

Estoy perplejo /perpleja/.

Es ist mir peinlich.
[ɛs ist miːɐ 'paɪnˌlɪç]

Problemas, Accidentes

Tengo un problema.

Ich habe ein Problem.
[ɪç 'haːbə aɪn pʀo'bleːm]

Tenemos un problema.

Wir haben Probleme.
[viːɐ 'haːbən pʀo'bleːmə]

Estoy perdido /perdida/.

Ich bin verloren.
[ɪç bɪn fɛɐ'loːʀən]

Perdi el último autobús (tren).

Ich habe den letzten Bus (Zug) verpasst.
[ɪç 'haːbə den 'lɛtstən bʊs (tsuːk) fɛɐ'past]

No me queda más dinero.

Ich habe kein Geld mehr.
[ɪç 'haːbə kaɪn gɛlt meːɐ]

He perdido …

Ich habe mein … verloren.
[ɪç 'haːbə maɪn … fɛɐ'loːʀən]

Me han robado …

Jemand hat mein … gestohlen.
['jeːmant hat maɪn … gə'ʃtoːlən]

mi pasaporte

Reisepass
['ʀaɪzəˌpas]

mi cartera

Geldbeutel
['gɛltˌbɔɪtəl]

mis papeles

Papiere
[pa'piːʀə]

mi billete

Fahrkarte
['faːɐˌkaʁtə]

mi dinero

Geld
[gɛlt]

mi bolso

Tasche
['taʃə]

mi cámara

Kamera
['kaməʀa]

mi portátil

Laptop
['lɛptɔp]

mi tableta

Tabletcomputer
['tɛblət·kɔmˌpjuːtɐ]

mi teléfono

Handy
['hɛndi]

¡Ayúdeme!

Hilfe!
['hɪlfə!]

¿Qué pasó?

Was ist passiert?
[vas ɪst pa'siːɐt?]

el incendio	**Feuer** ['fɔɪɐ]
un tiroteo	**Schießerei** [ʃiːsəˈʀaɪ]
el asesinato	**Mord** [mɔʁt]
una explosión	**Explosion** [ɛksploˈzjoːn]
una pelea	**Schlägerei** [ʃlɛːɡəˈʀaɪ]

¡Llame a la policía!	**Rufen Sie die Polizei!** ['ʀuːfən ziː di ˌpoliˈtsaɪ!]
¡Más rápido, por favor!	**Schneller bitte!** ['ʃnɛlɐ 'bɪtə!]
Busco la comisaría.	**Ich suche nach einer Polizeistation.** [ɪç 'zuːxə naːx 'aɪnə poliˈtsaɪʃtaˌtsjoːn]
Tengo que hacer una llamada.	**Ich muss einen Anruf tätigen.** [ɪç mʊs 'aɪnən 'anˌʀuːf 'tɛːtɪɡən]
¿Puedo usar su teléfono?	**Kann ich Ihr Telefon benutzen?** [kan ɪç iːɐ teleˈfoːn bəˈnʊtsən?]

Me han …	**Ich wurde …** [ɪç 'vʏʁdə …]
asaltado /asaltada/	**ausgeraubt** ['aʊsɡəˌʀaʊpt]
robado /robada/	**überfallen** [ˌyːbɐˈfalən]
violada	**vergewaltigt** [fɛɐɡəˈvaltɪçt]
atacado /atacada/	**angegriffen** ['anɡəˌɡʀɪfən]

¿Se encuentra bien?	**Ist bei Ihnen alles in Ordnung?** [ist baɪ 'iːnən 'aləs ɪn 'ɔʁdnʊŋ?]
¿Ha visto quien a sido?	**Haben Sie gesehen wer es war?** [haːbən ziː ɡeˈzeːən veːɐ ɛs vaːɐ?]
¿Sería capaz de reconocer a la persona?	**Sind Sie in der Lage die Person wiederzuerkennen?** [zɪnt ziː ɪn deːɐ laɡə di pɛʁˈzoːn 'viːdɛtsuʔɛɐˌkɛnən?]
¿Está usted seguro?	**Sind sie sicher?** [zɪnt ziː 'zɪçɐ?]

Por favor, cálmese.	**Beruhigen Sie sich bitte!** [bəˈʀuːɪɡən ziː zɪç 'bɪtə!]
¡Cálmese!	**Ruhig!** ['ʀuːɪç!]
¡No se preocupe!	**Machen Sie sich keine Sorgen.** ['maxən ziː zɪç 'kaɪnə 'zɔʁɡən]
Todo irá bien.	**Alles wird gut.** ['aləs vɪʁt ɡuːt]

Todo está bien.	**Alles ist in Ordnung.** ['aləs ist ɪn 'ɔʁdnʊŋ]
Venga aquí, por favor.	**Kommen Sie bitte her.** ['kɔmən zi: 'bɪtə heːɐ]
Tengo unas preguntas para usted.	**Ich habe einige Fragen für Sie.** [ɪç 'haːbə 'aɪnɪgə 'fʁaːgən fyːɐ zi:]
Espere un momento, por favor.	**Warten Sie einen Moment bitte.** ['vaʁtən 'aɪnən mɔ'mɛnt 'bɪtə]
¿Tiene un documento de identidad?	**Haben Sie einen Ausweis?** ['haːbən zi: 'aɪnən 'aʊs̩vaɪs?]
Gracias. Puede irse ahora.	**Danke. Sie können nun gehen.** ['daŋkə. zi: 'kœnən nuːn 'geːən]
¡Manos detrás de la cabeza!	**Hände hinter dem Kopf!** ['hɛndə 'hɪntɐ dem kɔpf!]
¡Está arrestado!	**Sie sind verhaftet!** [zi: zɪnt fɛɐ'haftət!]

Problemas de salud

Ayudeme, por favor.	**Helfen Sie mir bitte.** ['hɛlfən zi: mi:ɐ 'bɪtə]
No me encuentro bien.	**Mir ist schlecht.** [mi:ɐ ɪs ʃlɛçt]
Mi marido no se encuentra bien.	**Meinem Ehemann ist schlecht.** ['maɪnəm 'e:əman ist ʃlɛçt]
Mi hijo ...	**Mein Sohn ...** [maɪn zo:n ...]
Mi padre ...	**Mein Vater ...** [maɪn 'fa:tɐ ...]

Mi mujer no se encuentra bien.	**Meine Frau fühlt sich nicht gut.** ['maɪnə 'fʀaʊ fy:lt zɪç nɪçt gu:t]
Mi hija ...	**Meine Tochter ...** ['maɪnə 'tɔχtɐ ...]
Mi madre ...	**Meine Mutter ...** ['maɪnə 'mʊtɐ ...]

Me duele ...	**Ich habe ... schmerzen.** [ɪç 'ha:bə ... 'ʃmɛʀtsən]
la cabeza	**Kopf-** [kɔpf]
la garganta	**Hals-** [hals]
el estómago	**Bauch-** ['baʊχ]
un diente	**Zahn-** [tsa:n]

Estoy mareado.	**Mir ist schwindelig.** [mi:ɐ ɪs 'ʃvɪndəlɪç]
Él tiene fiebre.	**Er hat Fieber.** [e:ɐ hat 'fi:bɐ]
Ella tiene fiebre.	**Sie hat Fieber.** [zi: hat 'fi:bɐ]
No puedo respirar.	**Ich kann nicht atmen.** [ɪç kan nɪçt 'a:tmən]

Me ahogo.	**Ich kriege keine Luft.** [ɪç 'kʀi:gə 'kaɪnə lʊft]
Tengo asma.	**Ich bin Asthmatiker.** [ɪç bɪn ast'ma:tikɐ]
Tengo diabetes.	**Ich bin Diabetiker /Diabetikerin/** [ɪç bɪn dia'be:tikɐ /dia'be:tikəʀɪn/]

No puedo dormir.	**Ich habe Schlaflosigkeit.** [ɪç 'ha:bə 'ʃla:flo:zɪçkaɪt]
intoxicación alimentaria	**Lebensmittelvergiftung** ['le:bəns‚mɪtəl·fɛɐ‚gɪftʊŋ]

Me duele aquí.	**Es tut hier weh.** [ɛs tʊt hi:ɐ ve:]
¡Ayúdeme!	**Hilfe!** ['hɪlfə!]
¡Estoy aquí!	**Ich bin hier!** [ɪç bɪn hi:ɐ!]
¡Estamos aquí!	**Wir sind hier!** [vi:ɐ zɪnt hi:ɐ!]
¡Saquenme de aquí!	**Bringen Sie mich hier raus!** ['bʀɪŋən zi: mɪç hi:ɐ 'ʀaʊs!]
Necesito un médico.	**Ich brauche einen Arzt.** [ɪç 'bʀaʊxə 'aɪnən aʁtst]
No me puedo mover.	**Ich kann mich nicht bewegen.** [ɪç kan mɪç nɪçt bə've:gən]
No puedo mover mis piernas.	**Ich kann meine Beine nicht bewegen.** [ɪç kan 'maɪnə 'baɪnə nɪçt bə've:gən]

Tengo una herida.	**Ich habe eine Wunde.** [ɪç 'ha:bə 'aɪnə 'vʊndə]
¿Es grave?	**Ist es ernst?** [ist ɛs ɛʁnst?]
Mis documentos están en mi bolsillo.	**Meine Dokumente sind in meiner Hosentasche.** ['maɪnə doku'mɛntə zɪnt ɪn 'maɪnə 'ho:zən‚taʃə]
¡Cálmese!	**Beruhigen Sie sich!** [bə'ʀu:ɪgən zi: zɪç!]
¿Puedo usar su teléfono?	**Kann ich Ihr Telefon benutzen?** [kan ɪç i:ɐ tele'fo:n bə'nʊtsən?]

¡Llame a una ambulancia!	**Rufen Sie einen Krankenwagen!** ['ʀu:fən zi: 'aɪnən 'kʀaŋkən‚va:gən!]
¡Es urgente!	**Es ist dringend!** [ɛs ist 'dʀɪŋənt!]
¡Es una emergencia!	**Es ist ein Notfall!** [ɛs ist aɪn 'no:t‚fal!]
¡Más rápido, por favor!	**Schneller bitte!** ['ʃnɛlɐ 'bɪtə!]
¿Puede llamar a un médico, por favor?	**Können Sie bitte einen Arzt rufen?** ['kœnən zi: 'bɪtə 'aɪnən aʁtst 'ʀu:fən?]
¿Dónde está el hospital?	**Wo ist das Krankenhaus?** [vo: ist das 'kʀaŋkən‚haʊs?]

¿Cómo se siente?	**Wie fühlen Sie sich?** [vi: 'fy:lən zi: zɪç?]
¿Se encuentra bien?	**Ist bei Ihnen alles in Ordnung?** [ist baɪ 'i:nən 'aləs ɪn 'ɔʁdnʊŋ?]

¿Qué pasó?	**Was ist passiert?** [vas ɪst pa'siːɐt?]
Me encuentro mejor.	**Mir geht es schon besser.** [miːɐ geːt ɛs ʃoːn 'bɛsɐ]
Está bien.	**Es ist in Ordnung.** [ɛs ist ɪn 'ɔʁdnʊŋ]
Todo está bien.	**Alles ist in Ordnung.** ['aləs ist ɪn 'ɔʁdnʊŋ]

En la farmacia

la farmacia	**Apotheke** [apo'te:kə]
la farmacia 24 horas	**24 Stunden Apotheke** [fi:ɐ·ʊn·'tsvantsɪç 'ʃtʊndən apo'te:kə]
¿Dónde está la farmacia más cercana?	**Wo ist die nächste Apotheke?** [vo: ist di 'nɛːçstə apo'te:kə?]

¿Está abierta ahora?	**Ist sie jetzt offen?** [ist zi: jɛtst 'ɔfən?]
¿A qué hora abre?	**Um wie viel Uhr öffnet sie?** [ʊm vifi:l uːɐ 'œfnət zi:?]
¿A qué hora cierra?	**Um wie viel Uhr schließt sie?** [ʊm vifi:l uːɐ ʃliːst zi:?]

¿Está lejos?	**Ist es weit?** [ist ɛs vaɪt?]
¿Puedo llegar a pie?	**Kann ich dort zu Fuß hingehen?** [kan ɪç dɔʁt tsu fuːs 'hɪnˌgeːən?]
¿Puede mostrarme en el mapa?	**Können Sie es mir auf der Karte zeigen?** ['kœnən zi: ɛs miːɐ aʊf deːɐ 'kaʁtə 'tsaɪgən?]

Por favor, deme algo para ...	**Bitte geben sie mir etwas gegen ...** ['bɪtə geːbn zi: miːɐ 'ɛtvas 'geːgən ...]
un dolor de cabeza	**Kopfschmerzen** ['kɔpfʃmɛʁtsən]
la tos	**Husten** ['huːstən]
el resfriado	**eine Erkältung** ['aɪnə ɛɐ'kɛltʊŋ]
la gripe	**die Grippe** [di 'gʁɪpə]

la fiebre	**Fieber** ['fiːbɐ]
un dolor de estomago	**Magenschmerzen** ['maːgənʃmɛʁtsən]
nauseas	**Übelkeit** ['yːbəlkaɪt]
la diarrea	**Durchfall** ['dʊʁçˌfal]
el estreñimiento	**Verstopfung** [fɛɐ'ʃtɔpfʊŋ]

un dolor de espalda	**Rückenschmerzen** ['ʀʏkən̩ˌʃmɛʁtsən]
un dolor de pecho	**Brustschmerzen** ['bʀʊstˌʃmɛʁtsən]
el flato	**Seitenstechen** ['zaɪtənˌʃtɛçən]
un dolor abdominal	**Bauchschmerzen** ['baʊχˌʃmɛʁtsən]

la píldora	**Pille** ['pɪlə]
la crema	**Salbe, Creme** ['zalbə, kʀɛːm]
el jarabe	**Sirup** ['ziːʀʊp]
el spray	**Spray** [ʃpʀeː]
las gotas	**Tropfen** ['tʀɔpfən]

Tiene que ir al hospital.	**Sie müssen ins Krankenhaus gehen.** [ziː 'mʏsən ɪns 'kʀaŋkənˌhaʊs 'geːən]
el seguro de salud	**Krankenversicherung** ['kʀaŋkənˌfɛɐ̯ˌzɪçəʀʊŋ]
la receta	**Rezept** [ʀeˈtsɛpt]
el repelente de insectos	**Insektenschutzmittel** [ɪnˈzɛktənˈʃʊtsˌmɪtəl]
la curita	**Pflaster** ['pflastə]

Lo más imprescindible

Perdone, ...

Entschuldigen Sie bitte, ...
[ɛntˈʃʊldɪgən ziː ˈbɪtə, ...]

Hola.

Hallo.
[haˈloː]

Gracias.

Danke.
[ˈdaŋkə]

Sí.

Ja.
[jaː]

No.

Nein.
[naɪn]

No lo sé.

Ich weiß nicht.
[ɪç vaɪs nɪçt]

¿Dónde? | ¿A dónde? | ¿Cuándo?

Wo? | Wohin? | Wann?
[voː? | voˈhɪn? | van?]

Necesito ...

Ich brauche ...
[ɪç ˈbʀaʊχə ...]

Quiero ...

Ich möchte ...
[ɪç ˈmœçtə ...]

¿Tiene ...?

Haben Sie ...?
[ˈhaːbən ziː ...?]

¿Hay ... por aquí?

Gibt es hier ...?
[giːpt ɛs hiːɐ ...?]

¿Puedo ...?

Kann ich ...?
[kan ɪç ...?]

..., por favor? (petición educada)

Bitte
[ˈbɪtə]

Busco ...

Ich suche ...
[ɪç ˈzuːχə ...]

el servicio

Toilette
[toaˈlɛtə]

un cajero automático

Geldautomat
[ˈgɛltʔautoˌmaːt]

una farmacia

Apotheke
[apoˈteːkə]

el hospital

Krankenhaus
[ˈkʀaŋkənˌhaʊs]

---

la comisaría

Polizeistation
[poliˈtsaɪˌʃtaˌtsjoːn]

el metro

U-Bahn
[ˈuːbaːn]

un taxi	**Taxi** ['taksi]
la estación de tren	**Bahnhof** ['baːnˌhoːf]

Me llamo …	**Ich heiße …** [ɪç 'haɪsə …]
¿Cómo se llama?	**Wie heißen Sie?** [viː 'haɪsən ziː?]
¿Puede ayudarme, por favor?	**Helfen Sie mir bitte.** ['hɛlfən ziː miːɐ 'bɪtə]
Tengo un problema.	**Ich habe ein Problem.** [ɪç 'haːbə aɪn pʀo'bleːm]
Me encuentro mal.	**Mir ist schlecht.** [miːɐ ɪs ʃlɛçt]
¡Llame a una ambulancia!	**Rufen Sie einen Krankenwagen!** ['ʀuːfən ziː 'aɪnən 'kʀaŋkənˌvaːgən!]
¿Puedo llamar, por favor?	**Darf ich telefonieren?** [daʁf ɪç telefo'niːʀən?]

Lo siento.	**Entschuldigung.** [ɛnt'ʃʊldɪgʊŋ]
De nada.	**Keine Ursache.** ['kaɪnə 'uːɐˌzaχə]

Yo	**ich** [ɪç]
tú	**du** [duː]
él	**er** [eːɐ]
ella	**sie** [ziː]
ellos	**sie** [ziː]
ellas	**sie** [ziː]
nosotros /nosotras/	**wir** [viːɐ]
ustedes, vosotros	**ihr** [iːɐ]
usted	**Sie** [ziː]

ENTRADA	**EINGANG** ['aɪnˌgaŋ]
SALIDA	**AUSGANG** ['aʊsˌgaŋ]
FUERA DE SERVICIO	**AUßER BETRIEB** [ˌaʊsɐ bə'tʀiːp]
CERRADO	**GESCHLOSSEN** [gə'ʃlɔsən]

ABIERTO

OFFEN
['ɔfən]

PARA SEÑORAS

FÜR DAMEN
[fyːɐ 'damən]

PARA CABALLEROS

FÜR HERREN
[fyːɐ 'hɛʀən]

MINI DICCIONARIO

Esta sección contiene 250 palabras útiles necesarias para la comunicación diaria. Encontrará ahí los nombres de los meses y de los días de la semana.
El diccionario también contiene temas relevantes tales como colores, medidas, familia, y más

T&P Books Publishing

CONTENIDO
DEL DICCIONARIO

T&P Books Publishing

tiempo (m)	**Zeit** (f)	[tsaɪt]
hora (f)	**Stunde** (f)	[ˈʃtʊndə]
media hora (f)	**eine halbe Stunde**	[ˈaɪnə ˈhalbə ˈʃtʊndə]
minuto (m)	**Minute** (f)	[miˈnuːtə]
segundo (m)	**Sekunde** (f)	[zeˈkʊndə]
hoy (adv)	**heute**	[ˈhɔɪtə]
mañana (adv)	**morgen**	[ˈmɔʁgən]
ayer (adv)	**gestern**	[ˈgɛstɐn]
lunes (m)	**Montag** (m)	[ˈmoːntaːk]
martes (m)	**Dienstag** (m)	[ˈdiːnstaːk]
miércoles (m)	**Mittwoch** (m)	[ˈmɪtvɔχ]
jueves (m)	**Donnerstag** (m)	[ˈdɔnɐstaːk]
viernes (m)	**Freitag** (m)	[ˈfʀaɪtaːk]
sábado (m)	**Samstag** (m)	[ˈzamstaːk]
domingo (m)	**Sonntag** (m)	[ˈzɔntaːk]
día (m)	**Tag** (m)	[taːk]
día (m) de trabajo	**Arbeitstag** (m)	[ˈaʁbaɪtsˌtaːk]
día (m) de fiesta	**Feiertag** (m)	[ˈfaɪɐˌtaːk]
fin (m) de semana	**Wochenende** (n)	[ˈvɔχənˌʔɛndə]
semana (f)	**Woche** (f)	[ˈvɔχə]
semana (f) pasada	**letzte Woche**	[ˈlɛtstə ˈvɔχə]
semana (f) que viene	**nächste Woche**	[ˈnɛːçstə ˈvɔχə]
por la mañana	**morgens**	[ˈmɔʁgəns]
por la tarde	**nachmittags**	[ˈnaːχmɪˌtaːks]
por la noche	**abends**	[ˈaːbənts]
esta noche	**heute Abend**	[ˈhɔɪtə ˈaːbənt]
(p.ej. 8:00 p.m.)		
por la noche	**nachts**	[naχts]
medianoche (f)	**Mitternacht** (f)	[ˈmɪtɐˌnaχt]
enero (m)	**Januar** (m)	[ˈjanuaːɐ]
febrero (m)	**Februar** (m)	[ˈfeːbʀuaːɐ]
marzo (m)	**März** (m)	[mɛʁts]
abril (m)	**April** (m)	[aˈpʀɪl]
mayo (m)	**Mai** (m)	[maɪ]
junio (m)	**Juni** (m)	[ˈjuːni]
julio (m)	**Juli** (m)	[ˈjuːli]
agosto (m)	**August** (m)	[aʊˈgʊst]

septiembre (m)	**September** (m)	[zɛpˈtɛmbɐ]
octubre (m)	**Oktober** (m)	[ɔkˈtoːbɐ]
noviembre (m)	**November** (m)	[noˈvɛmbɐ]
diciembre (m)	**Dezember** (m)	[deˈtsɛmbɐ]

en primavera	**im Frühling**	[ɪm ˈfʀyːlɪŋ]
en verano	**im Sommer**	[ɪm ˈzɔmɐ]
en otoño	**im Herbst**	[ɪm hɛʁpst]
en invierno	**im Winter**	[ɪm ˈvɪntɐ]

mes (m)	**Monat** (m)	[ˈmoːnat]
estación (f)	**Saison** (f)	[zɛˈzɔŋ]
año (m)	**Jahr** (n)	[jaːɐ]

2. Números. Los numerales

cero	**null**	[nʊl]
uno	**eins**	[aɪns]
dos	**zwei**	[tsvaɪ]
tres	**drei**	[dʀaɪ]
cuatro	**vier**	[fiːɐ]

cinco	**fünf**	[fʏnf]
seis	**sechs**	[zɛks]
siete	**sieben**	[ˈziːbən]
ocho	**acht**	[aχt]
nueve	**neun**	[nɔɪn]
diez	**zehn**	[tseːn]

once	**elf**	[ɛlf]
doce	**zwölf**	[tsvœlf]
trece	**dreizehn**	[ˈdʀaɪtseːn]
catorce	**vierzehn**	[ˈfɪʁtseːn]
quince	**fünfzehn**	[ˈfʏnftseːn]

dieciséis	**sechzehn**	[ˈzɛçtseːn]
diecisiete	**siebzehn**	[ˈziːptseːn]
dieciocho	**achtzehn**	[ˈaχtseːn]
diecinueve	**neunzehn**	[ˈnɔɪntseːn]

veinte	**zwanzig**	[ˈtsvantsɪç]
treinta	**dreißig**	[ˈdʀaɪsɪç]
cuarenta	**vierzig**	[ˈfɪʁtsɪç]
cincuenta	**fünfzig**	[ˈfʏnftsɪç]

sesenta	**sechzig**	[ˈzɛçtsɪç]
setenta	**siebzig**	[ˈziːptsɪç]
ochenta	**achtzig**	[ˈaχtsɪç]
noventa	**neunzig**	[ˈnɔɪntsɪç]
cien	**einhundert**	[ˈaɪnˌhʊndɐt]

doscientos	**zweihundert**	['tsvaɪˌhʊndət]
trescientos	**dreihundert**	['dʀaɪˌhʊndət]
cuatrocientos	**vierhundert**	['fi:ɐˌhʊndət]
quinientos	**fünfhundert**	['fʏnfˌhʊndət]
seiscientos	**sechshundert**	[zɛksˌhʊndət]
setecientos	**siebenhundert**	['zi:bənˌhʊndət]
ochocientos	**achthundert**	['aχtˌhʊndət]
novecientos	**neunhundert**	['nɔɪnˌhʊndət]
mil	**eintausend**	['aɪnˌtaʊzənt]
diez mil	**zehntausend**	['tsenˌtaʊzənt]
cien mil	**hunderttausend**	['hʊndətˌtaʊzənt]
millón (m)	**Million** (f)	[mɪ'ljo:n]
mil millones	**Milliarde** (f)	[mɪ'lɪaʀdə]

3. El ser humano. Los familiares

hombre (m) (varón)	**Mann** (m)	[man]
joven (m)	**Junge** (m)	['jʊŋə]
mujer (f)	**Frau** (f)	[fʀaʊ]
muchacha (f)	**Mädchen** (n)	['mɛːtçən]
anciano (m)	**Greis** (m)	[gʀaɪs]
anciana (f)	**alte Frau** (f)	['altə 'fʀaʊ]
madre (f)	**Mutter** (f)	['mʊtɐ]
padre (m)	**Vater** (m)	['fa:tɐ]
hijo (m)	**Sohn** (m)	[zo:n]
hija (f)	**Tochter** (f)	['tɔχtɐ]
hermano (m)	**Bruder** (m)	['bʀu:dɐ]
hermana (f)	**Schwester** (f)	['ʃvɛstɐ]
padres (pl)	**Eltern** (pl)	['ɛltɐn]
niño -a (m, f)	**Kind** (n)	[kɪnt]
niños (pl)	**Kinder** (pl)	['kɪndɐ]
madrastra (f)	**Stiefmutter** (f)	['ʃti:fˌmʊtɐ]
padrastro (m)	**Stiefvater** (m)	['ʃti:fˌfa:tɐ]
abuela (f)	**Großmutter** (f)	['gʀo:sˌmʊtɐ]
abuelo (m)	**Großvater** (m)	['gʀo:sˌfa:tɐ]
nieto (m)	**Enkel** (m)	['ɛŋkəl]
nieta (f)	**Enkelin** (f)	['ɛŋkəlɪn]
nietos (pl)	**Enkelkinder** (pl)	['ɛŋkəlˌkɪndɐ]
tío (m)	**Onkel** (m)	['ɔŋkəl]
tía (f)	**Tante** (f)	['tantə]
sobrino (m)	**Neffe** (m)	['nɛfə]
sobrina (f)	**Nichte** (f)	['nɪçtə]
mujer (f)	**Frau** (f)	[fʀaʊ]

marido (m)	**Mann** (m)	[man]
casado (adj)	**verheiratet**	[fɛɐ'haɪʀa:tət]
casada (adj)	**verheiratet**	[fɛɐ'haɪʀa:tət]
viuda (f)	**Witwe** (f)	['vɪtvə]
viudo (m)	**Witwer** (m)	['vɪtvɐ]
nombre (m)	**Vorname** (m)	['fo:ɐˌna:mə]
apellido (m)	**Name** (m)	['na:mə]
pariente (m)	**Verwandte** (m)	[fɛɐ'vantə]
amigo (m)	**Freund** (m)	[fʀɔɪnt]
amistad (f)	**Freundschaft** (f)	['fʀɔɪntʃaft]
compañero (m)	**Partner** (m)	['paʁtnɐ]
superior (m)	**Vorgesetzte** (m)	['fo:ɐgəˌzɛtstə]
colega (m, f)	**Kollege** (m), **Kollegin** (f)	[kɔ'le:gə], [kɔ'le:gɪn]
vecinos (pl)	**Nachbarn** (pl)	['naχba:ɐn]

4. El cuerpo. La anatomía humana

cuerpo (m)	**Körper** (m)	['kœʁpɐ]
corazón (m)	**Herz** (n)	[hɛʁts]
sangre (f)	**Blut** (n)	[blu:t]
cerebro (m)	**Gehirn** (n)	[gə'hɪʀn]
hueso (m)	**Knochen** (m)	['knɔχən]
columna (f) vertebral	**Wirbelsäule** (f)	['vɪʁbəlˌzɔɪlə]
costilla (f)	**Rippe** (f)	['ʀɪpə]
pulmones (m pl)	**Lungen** (pl)	['lʊŋən]
piel (f)	**Haut** (f)	[haʊt]
cabeza (f)	**Kopf** (m)	[kɔpf]
cara (f)	**Gesicht** (n)	[gə'zɪçt]
nariz (f)	**Nase** (f)	['na:zə]
frente (f)	**Stirn** (f)	[ʃtɪʀn]
mejilla (f)	**Wange** (f)	['vaŋə]
boca (f)	**Mund** (m)	[mʊnt]
lengua (f)	**Zunge** (f)	['tsʊŋə]
diente (m)	**Zahn** (m)	[tsa:n]
labios (m pl)	**Lippen** (pl)	['lɪpən]
mentón (m)	**Kinn** (n)	[kɪn]
oreja (f)	**Ohr** (n)	[o:ɐ]
cuello (m)	**Hals** (m)	[hals]
ojo (m)	**Auge** (n)	['aʊgə]
pupila (f)	**Pupille** (f)	[pu'pɪlə]
ceja (f)	**Augenbraue** (f)	['aʊgənˌbʀaʊə]
pestaña (f)	**Wimper** (f)	['vɪmpɐ]
pelo, cabello (m)	**Haare** (pl)	['ha:ʀə]

peinado (m)	Frisur (f)	[ˌfʁiˈzuːɐ̯]
bigote (m)	Schnurrbart (m)	[ˈʃnʊʁˌbaːɐ̯t]
barba (f)	Bart (m)	[baːɐ̯t]
tener (~ la barba)	haben (vt)	[haːbən]
calvo (adj)	kahl	[kaːl]

mano (f)	Hand (f)	[hant]
brazo (m)	Arm (m)	[aʁm]
dedo (m)	Finger (m)	[ˈfɪŋɐ̯]
uña (f)	Nagel (m)	[ˈnaːɡəl]
palma (f)	Handfläche (f)	[ˈhantˌflɛçə]

hombro (m)	Schulter (f)	[ˈʃʊltɐ̯]
pierna (f)	Bein (n)	[baɪn]
rodilla (f)	Knie (n)	[kniː]
talón (m)	Ferse (f)	[ˈfɛʁzə]
espalda (f)	Rücken (m)	[ˈʁʏkən]

5. La ropa. Accesorios personales

ropa (f)	Kleidung (f)	[ˈklaɪdʊŋ]
abrigo (m)	Mantel (m)	[ˈmantəl]
abrigo (m) de piel	Pelzmantel (m)	[ˈpɛltsˌmantəl]
cazadora (f)	Jacke (f)	[ˈjakə]
impermeable (m)	Regenmantel (m)	[ˈʁeːɡənˌmantəl]

camisa (f)	Hemd (n)	[hɛmt]
pantalones (m pl)	Hose (f)	[ˈhoːzə]
chaqueta (f), saco (m)	Jackett (n)	[ʒaˈkɛt]
traje (m)	Anzug (m)	[ˈanˌtsuːk]

vestido (m)	Kleid (n)	[klaɪt]
falda (f)	Rock (m)	[ʁɔk]
camiseta (f) (T-shirt)	T-Shirt (n)	[ˈtiːˌʃøːɐ̯t]
bata (f) de baño	Bademantel (m)	[ˈbaːdəˌmantəl]
pijama (m)	Schlafanzug (m)	[ˈʃlaːfʔanˌtsuːk]
ropa (f) de trabajo	Arbeitskleidung (f)	[ˈaʁbaɪtsˌklaɪdʊŋ]

ropa (f) interior	Unterwäsche (f)	[ˈʊntɐ̯ˌvɛʃə]
calcetines (m pl)	Socken (pl)	[ˈzɔkən]
sostén (m)	Büstenhalter (m)	[ˈbʏstənˌhaltɐ̯]
pantimedias (f pl)	Strumpfhose (f)	[ˈʃtʁʊmpfˌhoːzə]
medias (f pl)	Strümpfe (pl)	[ˈʃtʁʏmpfə]
traje (m) de baño	Badeanzug (m)	[ˈbaːdəˌʔantsuːk]

gorro (m)	Mütze (f)	[ˈmʏtsə]
calzado (m)	Schuhe (pl)	[ˈʃuːə]
botas (f pl) altas	Stiefel (pl)	[ˈʃtiːfəl]
tacón (m)	Absatz (m)	[ˈapˌzats]
cordón (m)	Schnürsenkel (m)	[ˈʃnyːɐ̯ˌsɛŋkəl]

betún (m)	Schuhcreme (f)	['ʃuːˌkʀɛːm]
guantes (m pl)	Handschuhe (pl)	['hantʃuːə]
manoplas (f pl)	Fausthandschuhe (pl)	['faʊst·hantʃuːə]
bufanda (f)	Schal (m)	[ʃaːl]
gafas (f pl)	Brille (f)	['bʀɪlə]
paraguas (m)	Regenschirm (m)	['ʀeːgənˌʃɪʀm]

corbata (f)	Krawatte (f)	[kʀaˈvatə]
moquero (m)	Taschentuch (n)	['taʃənˌtuːx]
peine (m)	Kamm (m)	[kam]
cepillo (m) de pelo	Haarbürste (f)	['haːɐˌbʏʀstə]

hebilla (f)	Schnalle (f)	['ʃnalə]
cinturón (m)	Gürtel (m)	['gʏʀtəl]
bolso (m)	Handtasche (f)	['hantˌtaʃə]

6. La casa. El apartamento

apartamento (m)	Wohnung (f)	['voːnʊŋ]
habitación (f)	Zimmer (n)	['tsɪmɐ]
dormitorio (m)	Schlafzimmer (n)	['ʃlaːfˌtsɪmɐ]
comedor (m)	Esszimmer (n)	['ɛsˌtsɪmɐ]

salón (m)	Wohnzimmer (n)	['voːnˌtsɪmɐ]
despacho (m)	Arbeitszimmer (n)	['aʀbaɪtsˌtsɪmɐ]
antecámara (f)	Vorzimmer (n)	['foːɐˌtsɪmɐ]
cuarto (m) de baño	Badezimmer (n)	['baːdəˌtsɪmɐ]
servicio (m)	Toilette (f)	[toaˈlɛtə]

aspirador (m), aspiradora (f)	Staubsauger (m)	['ʃtaʊpˌzaʊgɐ]
fregona (f)	Schrubber (m)	['ʃʀʊbɐ]
trapo (m)	Lappen (m)	['lapən]
escoba (f)	Besen (m)	['beːzən]
cogedor (m)	Kehrichtschaufel (f)	['keːʀɪçtˌʃaʊfəl]

muebles (m pl)	Möbel (n)	['møːbəl]
mesa (f)	Tisch (m)	[tɪʃ]
silla (f)	Stuhl (m)	[ʃtuːl]
sillón (m)	Sessel (m)	['zɛsəl]

espejo (m)	Spiegel (m)	['ʃpiːgəl]
tapiz (m)	Teppich (m)	['tɛpɪç]
chimenea (f)	Kamin (m)	[kaˈmiːn]
cortinas (f pl)	Vorhänge (pl)	['foːɐhɛŋə]
lámpara (f) de mesa	Tischlampe (f)	['tɪʃˌlampə]
lámpara (f) de araña	Kronleuchter (m)	['kʀoːnˌlɔɪçtɐ]

cocina (f)	Küche (f)	['kʏçə]
cocina (f) de gas	Gasherd (m)	['gaːsˌheːɐt]
cocina (f) eléctrica	Elektroherd (m)	[eˈlɛktʀoˌheːɐt]

horno (m) microondas	**Mikrowellenherd** (m)	['mikʀovɛlən͵heːɐt]
frigorífico (m)	**Kühlschrank** (m)	['kyːlʃʀaŋk]
congelador (m)	**Tiefkühltruhe** (f)	['tiːfkyːl͵tʀuːə]
lavavajillas (m)	**Geschirrspülmaschine** (f)	[gə'ʃɪʀ·ʃpyːl·ma͵ʃiːnə]
grifo (m)	**Wasserhahn** (m)	['vasɐ͵haːn]
picadora (f) de carne	**Fleischwolf** (m)	['flaɪʃvolf]
exprimidor (m)	**Saftpresse** (f)	['zaft͵pʀɛsə]
tostador (m)	**Toaster** (m)	['toːstɐ]
batidora (f)	**Mixer** (m)	['mɪksɐ]
cafetera (f) (aparato de cocina)	**Kaffeemaschine** (f)	['kafe·ma͵ʃiːnə]
hervidor (m) de agua	**Wasserkessel** (m)	['vasɐ͵kɛsəl]
tetera (f)	**Teekanne** (f)	['teː͵kanə]
televisor (m)	**Fernseher** (m)	['fɛʀn͵zeːɐ]
vídeo (m)	**Videorekorder** (m)	['video·ʀe͵koʀdɐ]
plancha (f)	**Bügeleisen** (n)	['byːgəl͵ʔaɪzən]
teléfono (m)	**Telefon** (n)	[tele'foːn]